기계의 언어, 언어의 기계

AI문고

인공지능 시대입니다. 기계가 인간의 인지를 대신하고, 사물이 인간을 통하지 않고 다른 사물과 직접 커뮤니케이션합니다. 이에 따른 인간 삶과 문명 변화를 정확히 이해 · 예측 · 대응하는 것은 이 시대 우리 모두의 과제입니다. AI문고는 인공지능 기술과 환경의 여러 주제를 10가지 키워드로 정리합니다. 관련 개념과 이론, 학계와 산업계의 쟁점, 우리 일상의 변화를 다룹니다. 인간과 기술의 현재, 미래를 세심히 분석합니다.

일러두기

- 인명, 작품명, 저서명, 개념어 등은 한글과 함께 괄호 안에 해당 국가의 원어를 병기했습니다.
- 외래어 표기는 현행 어문규정의 외래어표기법을 따랐습니다.

처음이세요?

전문가세요?

기계의 언어, 언어의 기계

신승철

대한민국, 서울, 커뮤니케이션북스, 2025

기계의 언어, 언어의 기계

지은이 신승철
펴낸이 박영률

초판 1쇄 펴낸날 2025년 5월 26일

커뮤니케이션북스(주)
출판 등록 2007년 8월 17일 제313-2007-000166호
02880 서울시 성북구 성북로 5-11
전화(02) 7474 001, 팩스(02) 736 5047
commbooks@commbooks.com
www.commbooks.com

ISBN 979-11-430-0155-9 03500

책값은 뒤표지에 표시되어 있습니다.

차례

인공지능과 자연어 처리

언어를 더 많이 알수록, 더욱 인간다워진다.

— 토마시 가리크 마사리크

인공지능, 그 오래된 미래

인공지능은 오래된 미래다. 인공지능이 만들어 내는 미래는 수천 년 전부터 인류의 상상력을 유혹해 왔다. 컴퓨터와 로봇, 인터넷은 고사하고 전기도 상상할 수 없었던 3천 년 전 고대 그리스로부터 남겨진 기록이 있다. 고대 그리스의 시인 호메로스는 『일리아스』에서 지능을 가진 기계를 묘사했다. 대장장이 신 헤파이스토스는 자신의 대장간에 황금으로 된 하녀를 거느렸다. 호메로스는 황금 하녀가 지능을 가졌고 인간의 언어를 구사하며, 올림포스의 신들에게 배운 기술로 주인을 도왔다고 썼다. 호메로스 이후에도 크레타섬을 수호하는 청동 거인이나 아라비안 나이트의 황동 기수와 같은 문학적 상상력은 지능형 기계에 대한 관심을 이어 왔다.

17세기와 18세기에 걸쳐 유럽에는 오토마톤 또는 자

동 인형이라고 부르는 정교한 자동 기계가 크게 번성했다. 프랑스의 발명가 자크 드 보캉송은 자동으로 플루트 연주를 하는 실물 크기의 양치기 형상을 선보였다. 스위스의 시계 제작자 피에르 자케 드로는 글씨를 쓰는 작가와 그림 그리는 화가, 악기를 연주하는 음악가를 자동 인형으로 만들었다. 이 기계들은 예술과 과학을 융합한 당시 기술의 성과이면서 지능형 기계에 대한 상상력을 자극했다.

부작용도 있다. 지크문트 프로이트가 지적했듯이, 두렵고 소름 끼치는 불편함을 말하는 '언캐니' 분위기다. 이런 분위기는 19세 소녀 메리 셸리가 쓴 『프랑켄슈타인』이라는 걸작으로도 나타난다. 이후 인간이 만든 존재가 인간을 배신하고 인간에게 위협이 되는 스토리는 현재에도 자주 등장하는 문학적 장치다. 이런 현상을 싫어했던 SF 작가 아이작 아시모프는 "프랑켄슈타인 콤플렉스"라고 일갈하기도 했다. 이렇게 축적되어 온 지능형 기계에 대한 긍정적 호기심과 부정적 거부감은 모두 오늘날 인공지능 출현에 기여했다고 할 수 있다.

19세기에는 산업 혁명과 함께 지능형 기계에 좀 더 과학적인 접근이 시도된다. 이 시기 가장 야심찬 시도는 찰스 배비지의 분석 엔진이다. 오늘날의 컴퓨터와 유사한 구조를 가진 이 기계식 컴퓨터는 최초의 컴퓨터로 인정된다. 분석 엔진은 끝내 완성되지 못했지만, 최초의 프로그래머로 기록된 에이다 러브레이스가 분석 엔진을 위한 최초의 알고리즘을 설계했다. 분석 엔진을 깊이 이해한 러브레이스는 분석 엔진이 수학 계산뿐 아니라 음악이나 예술에도 활용될 수 있을 것으로 생각했다. 그러나 기계는 독창성이 없기 때문에 인간이 방법을 알고 있는 일만 시킬 수 있다고 주장했다. 이를 러브레이스의 반론이라고 한다.

한편, 조지 불은 기계 논리를 위한 수학적 언어를 만들었다. 오늘날 불 대수라고 불리는 논리 연산 체계는 AND, OR, NOT을 덧셈이나 뺄셈처럼 연산으로 취급할 수 있게 해 준다. 그 후 지능형 기계를 논리 기계로 구현하려는 시도가 이어졌다. 이 시기에는 과학자와 수학자뿐 아니라 철학자와 작가도 기계 지능에 관심이 많았다. 소설가 새뮤얼 버틀러는 〈기계 속의 다윈〉이라는 글에서 기계가 살아 있는 생명체처럼 진화할 수 있으며 언젠가 인간을 능가할 수도 있다고 주장했다. 더 나아가 그의 소설 『에레혼』에서는 기계가 의식을 가질 수 있는지에 대한 철학적인 논의를 펼쳤다.

컴퓨팅의 탄생

20세기가 시작되던 1900년 파리에서 세계 수학자 회의가 열린다. 당시 괴팅겐의 카리스마라고 불리던 수학의 거장 다비트 힐베르트는 수학사에 길이 남을 연설을 한다. 전 세계 수학자에게 23개의 미해결 문제에 도전할 것을 호소했다. 그 후 실제로 많은 수학자가 여기에 호응해 도전했다. 현재까지 12개가 완전히 풀렸고 7개가 부분적으로 해결되었으며, 리만 가설을 포함한 4개가 미해결로 남아 있다. 힐베르트의 제안은 단순히 난제 목록을 제시한 것이 아니라, 수학의 미래를 위한 청사진이었다는 평가를 받는다.

이 목록에는 컴퓨터 과학의 탄생으로 이어지는 중요한 문제가 포함되었다. 바로 제2문제인 "수학이 무모순함을 증명하시오"다. 당시 힐베르트는 수학을 엄밀한 공리 체계 위에 세우면 모든 수학 명제를 증명할 수 있을 것이라 굳게 믿었다. 그러기 위해서는 세 가지가 증명되어야 한다. 첫째, 참인 수학 명제는 모두 증명할 수 있어야 한다. 이를 수학의 완전성이라고 한다. 둘째, 서로 모순되는 두 명제가 증명되는 일은 없어야 한다. 이를 무모순성이라고 한다. 셋째, 모든 명제의 참, 거짓 여부를 자동으로 결정하는 알고리즘이 있어야 한다. 이를 결정 가능성이라고 한다.

1931년 25살의 청년 쿠르트 괴델은 원로 수학자 힐베르트의 꿈을 무너뜨리는 "불완전성 정리"를 발표한다. 괴델은 두 개의 정리를 증명했다. 첫째, 수학에는 참이지만 증명할 수 없는 명제가 반드시 존재한다. 즉, 수학의 완전성은 불가능해졌다. 둘째, 수학은 스스로 무모순함을 증명할 수 없다. 즉, 수학의 무모순성도 불가능해졌다. 힐베르트의 제2문제를 증명 불가로 판정한 것이다. 곧바로 수학계와 철학계는 혼란 속으로 빠져들었다. '과연 수학적 진리는 어디에서 오는가?'와 같은 논쟁이 심화되었다.

앨런 튜링은 괴델의 증명을 공부한 후 결정 가능성 문제에 뛰어들었다. 튜링은 처음부터 모든 수학 명제를 알고리즘으로 풀 수는 없을 것이라 예상했다. 결국 1936년 튜링의 논문은 어떤 명제는 기계적으로 참, 거짓을 판별할 수 없다고 증명한다. 여기서 '기계적으로 푼다', '알고리즘으로 결정한다', '계산적으로 해결한다'는 모두 같은 의미이다. 그런데, 기계적이며 계산적인 알고리즘이 풀 수 없는 문제가 존재한다고 주장하기 위해서는 이런 알고리즘을 먼저 정해야 했다. 이 알고리즘이 바로 오늘날 튜링 기계라고 불리는 컴퓨터의 이론적인 모델이다. 튜링 기계가 풀지 못하는 문제를 다른 기계로는 풀 수 있지 않을까? 아니다. 튜링 기계는 계산적인 알고리즘의 끝판왕이다. 이것을 처치-튜링 가설이라고 한다. 가설인 이유는 증명된 것은 아니고 추측하건대 튜링 기계를 뛰어넘는 계산 기계는 존재하지 않을 것이라는 의미다. 이 가설은 아직도 깨지지 않고 있다.

튜링 기계의 아이디어를 현대의 디지털 컴퓨터로 구현하는 데에는 존 폰 노이만과 클로드 섀넌의 연구가 큰 기여를 했다. 폰 노이만은 프로그램을 메모리에 저장하는 방식을 제안해 컴퓨터 구조의 핵심을 확립했다. 섀넌은 불 대수를 회로 설계에 적용해 논리 게이트와 디지털 회로의 기초를 마련했다. 1940년대 초 드디어 컴퓨터가 개발되었고 가장 지능적인 기계의 시대가 시작되었다.

역사적으로 볼 때, 힐베르트의 원대한 꿈은 무참히 무너졌지만, 그 잿더미 속에서 컴퓨터가 걸어 나왔다. 그리고 그 순간부터 새로운 꿈들이 눈부시게 피어올랐다.

인공지능의 인셉션

컴퓨터가 등장한 지 얼마 되지 않은 1950년에 튜링은 또 하나의 역사적인 논문을 발표하며 인공지능의 서막을 연다. 제목은 "계산 기계와 지능"이다. 튜링은 "기계가 생각할 수 있을까?"라고 물음을 던진다. 그러고는 '생각'을 어떻게 정의할 것인가를 논의하지 않고, 대신에 기계 지능을 측정할 수 있는 실제적인 방법을 제시한다. 오늘날 '튜링 테스트'라고 부르는 이 방법은 이미테이션 게임이다. 참가자는 심사자, 인간 피심사자, 기계 피심사자다. 심사자는 두 피심사자를 볼 수 없는 상태에서 피심사자와 문자를 주고받는다. 심사자가 이런 방식의 실험에서 피심사자가 인간인지 기계인지 구별할 수 없다면, 기계는 지능을 가진 것으로 평가된다. 튜링이 이미테이션 게임이라고 부른 이유는, 기계가 인간의 언어를 흉내 낼 수 있다면 그것은 기계가 생각하는 것과 같다는 철학 때문이다. 이것은 외재주의와 관련된다. 즉 지능은 내부적인 속성이 아니라 외부 세계와의 관계에서 정의된다는 것이다.

튜링은 이 논문에서 기계 지능에 대한 여러 반론을 반박한다. 불멸의 영혼을 가진 인간만이 생각할 수 있다고 주장하는 신학적인 반론에 대해, 전능한 신이라면 기계에 지능을 부여하지 못할 이유가 없다고 주장한다. 괴델의 불완전성 정리에 의해서 기계 지능은 제한적일 수밖에 없다는 반론에, 인간도 제한된 지능을 갖기 때문에 실수를 저지른다고 반박한다. 또, 기계는 인간처럼 감정을 이해하거나 느끼지 못할 것이란 주장에는 동의하지만, 인간이 타인의 내적 경험을 알 수 없는 것처럼 기계의 지능을 판단하는 기준도 외부적인 행동이 되어야 한다고 역설한다. 튜링은 러브레이스의 반론도 반박한다. 기계는 학습과 진화가 가능하기 때문에 새로운 창의적 결과를 생성할 수 있다는 것이다. 이런 철학적 논의는 오늘날에도 인공지능의 의식과 창의성에 대한 논쟁으로 계속되고 있다.

튜링은 고정된 규칙을 프로그래밍하는 것은 충분하지 않다고 봤다. 인간이 하는 것처럼 학습하는 기계를 만들어야 한다고 믿었다. 그래서 처음에는 아이 같은 기계를 만들고 인간처럼 교육과 경험을 통해서 훈련시켜야 한다고 제안한다. 이것이 바로 기계학습의 아이디어가 된다. 튜링은 기계가 경험을 통해서 학습하면서 스스로 규칙을 수정해 가면 점점 지능적인 작업을 잘할 수 있게 될 것으로 예견했다. 대규모 언어 모델이라 불리는 현대의 인공지능은 이 원리를 따르고 있다. 모든 가능한 행동을 일일이 프로그래밍하지 않고 방대한 데이터로부터 패턴을 학습한다.

튜링의 논문은 인공지능이라는 개념적인 목표만 제시한 것이 아니다. 인공지능에 도달하는 핵심이 자연어 처리라고 못을 박았다. 지능에 대한 철학적 관점으로 외재주의도 분명히 했다. 그뿐 아니라 인공지능을 달성하는 구체적인 방법론으로 학습 개념을 제안했다. 그리고 예술, 음악, 문학 등에서 기계의 창의성이 가능하다고 내다봤다. 이제 와 생각해 보면 현대의 인공지능은 튜링의 생각을 구현한 것이라 해도 과언이 아니다. 튜링은 2000년까지 기계가 튜링 테스트에서 단 5분간의 대화로 심사자의 70%를 속일 수 있다고 예언했다. 그의 예언이 정확하게 들어맞았는지는 모르겠지만, 현재 대규모 언어 모델은 부분적으로 튜링 테스트를 통과한다고 주장한다. 또한 튜링은 챗봇, 텍스트 생성, 질의 응답 등에서 유창하고, 문맥적으로 올바른 텍스트를 생성하고, 수학적 논리적 연산을 이해하며, 다양한 맥락에서 의미 있는 응답을 해야 한다고 구체적인 목표를 제시했다. 이후 이런 가이드라인을 따라 자연어 처리는 발전했다.

인공지능의 진화

튜링 이후 기계 지능에 대한 연구는 활발하게 진행되었다. 1956년 다트머스 대학에서 열린 여름 연구 모임에서 존 매카시는 "인공지능"이라는 용어를 처음 사용하며 새로운 연구 분야를 선언했다. 여기에는 마빈 민스키, 클로드 섀넌, 앨런 뉴얼, 허버트 사이먼 등 당시 최고의 수학자, 인지과학자, 전기공학자들이 한자리에 모였다. 이들은 모든 측면에서 인간의 지능을 시뮬레이션하는 기계를 만들 수 있다고 믿었다. 이 회의는 인공지능 연구의 방향을 제시한 중요한 역사로 기록된다.

초창기 인공지능 연구자들은 매우 낙관적이었다. 뉴얼과 사이먼은 '논리 이론가'라는 프로그램을 만들어, 인간 수학자와 유사한 방식으로 수학 정리를 증명할 수 있음을 보여 주었다. 이후 '일반 문제 해결기' 같은 시스템도 개발되며 인공지능이 인간의 사고를 모방할 수 있다는 희망이 커졌다. 하지만 논리와 규칙에 기반한 인공지능 연구는 곧 현실적인 벽을 실감하게 된다. 당시 컴퓨터는 너무 느렸고, 지식을 표현하는 방법은 한계가 있었으며, 현실 세계는 생각보다 훨씬 복잡했다.

1966년 미국 국방부 산하 고등연구계획국은 기계 번역 프로젝트의 연구를 평가한 결과, 기계 번역이 생각보다 많이 어렵고 실제로 사람이 번역한 것보다 품질이 너무 낮다는 결론을 내린다. 결국 연구 자금이 끊기고 1970년대 초반부터는 인공지능 연구에 대한 투자와 관심이 급격히 사라진다. 이 시기를 첫 번째 인공지능 겨울이라고 한다. 그 후 1980년대 초 인공지능은 다시 한 번

큰 기대를 받게 된다. '전문가 시스템'이 금융, 의료, 엔지니어링 등의 산업에서 활용될 가능성이 보였기 때문이다. 전문가 시스템은 사람이 입력한 규칙을 기반으로 특정 분야에서 전문가처럼 추론을 수행하는 시스템이다. 초기의 몇몇 성공적인 사례에도 불구하고, 업데이트 비용이 너무 크고, 시스템이 커질수록 속도가 너무 느려서 문제를 일으켰다. 1987년 미국 경제의 침체와 함께 인공지능 연구에 대한 투자가 줄어들면서 두 번째 인공지능 겨울을 맞이했다.

두 번의 쇠퇴기를 거치며 인공지능 연구의 중심은 논리와 규칙에 기반한 방법에서 확률과 통계에 기반한 기계학습으로 옮겨 간다. 이 시기에는 신경망을 효과적으로 학습하는 '역전파 알고리즘'이 널리 알려지고, 신경망이 임의의 복잡한 함수를 학습할 수 있다 는 '보편 근사 정리'가 증명되었다. 1997년에는 IBM의 '딥 블루'가 체스 세계 챔피언인 가리 카스파로프를 이기면서 인공지능의 가능성이 다시 부각되었다. 덕분에 기계학습 중심의 인공지능 연구가 활발해졌다. 아이러니한 것은 딥 블루는 기계학습을 사용하지 않은 규칙 기반 프로그램이었다는 사실이다. 그럼에도 연구자들은 딥 블루의 성공 뒤에 숨어 있는 한계를 직시했다. 명확한 규칙으로 프로그래밍할 수 없는 문제를 풀기 위해서는, 데이터에서 패턴을 학습하는 기계학습이 필수적인 것이다.

기계학습을 꽃피운 것은 딥러닝이다. 2016년 구글 딥마인드의 '알파고'는 세계 바둑 챔피언 이세돌 9단을 꺾으며 돌풍을 일으켰다. 너무 복잡해서 컴퓨터가 절대 인간을 이기지 못할 거라 예상했던 바둑 게임에서 심층 신경망을 이용한 딥러닝이 성과를 보인 것이다. 다음으로 알파고의 배턴을 이어받은 것은 '챗GPT'였다.

자연어 처리의 실현

2022년 11월 대중에게 공개된 챗GPT는 전 세계에 혁신적인 인공지능 시대를 공표했다. 챗GPT는 오픈AI가 출시한 대화형 인공지능 모델로 일반 대중이 자연어 처리를 직접 체험할 수 있게 했다. 기존 자연어 처리 시스템은 번역, 질의 응답 등 특정 기능에 한정된 성능을 보였다. 그러나 챗GPT는 대규모 언어 모델을 기반으로 단순한 질의 응답을 넘어 창의적인 글쓰기, 코딩, 학습 보조, 콘텐츠 생성 등 다양한 작업을 수행할 수 있다. 대규모 언어 모델은 방대한 양의 텍스트 데이터를 학습해 인간과 유사한 수준의 문장 이해와 생성을 가능하게 하는 자연어 처리 모델이다. 특히 문맥을 이해하고 자연스러운 대화를 이어 갈 수 있는 능력은 과거의 자연어 처리 시스템과 확연한 차이를 보여 준다.

챗GPT 등장 이후, 인공지능의 대중화에 힘입어 정부와 기업의 투자가 폭발적으로 증가했다. 현재 오픈AI와 대규모 언어 모델을 경쟁하는 회사가 많다. 구글의 '제미나이', 앤스로픽의 '클로드', 메타의 '라마' 외에도 마이크로소프트, 애플, 아마존, xAI와 딥시크까지 인공지능은 황금기를 맞고 있다고 할 만하다. 이런 현상을 촉발한 것은 2017년 발표된 트랜스포머 모델이다. 트랜스포머는 심층 신경망을 이용한 자연어 처리의 성능을 획기적으로 높였다. 이후 트랜스포머 모델을 바탕으로 방대한 텍스트 데이터를 학습한 대규모 언어 모델이 경쟁적으로 개발되고 있다. 이 책의 본문에서는 트랜스포머와 대규모 언어 모델에 이르기까지 자연어 처리 기술이 어떻게 발전해 왔는지, 그리고 어떤 원리를 가지고 인간 언어를 구사하게 되었는지 살펴볼 것이다.

대규모 언어 모델이 적용되면서 자연어 처리의 수준은 몰라보게 달라졌다. 과거에는 기계가 인간의 언어를 이해하고 자연스럽게 소통하는 것은 불가능에 가까웠다. 그러나 이제는 자연어 처리가 단순한 명령어 해석을 넘어 실질적인 문제 해결 도구로 자리 잡았다. 현재 자연어 처리는 여러 분야에서 혁신적인 변화를 이끌고 있으며, 인간과 기계의 소통 방식을 재정의하고 있다.

이제 콜센터에 전화해서 오래 대기하지 않아도 AI 챗봇을 통해 원하는 정보를 즉시 얻거나 문제를 해결할 수 있다. 예를 들어 은행의 대화형 AI는 고객의 계좌 조회와 송금을 지원하고, 개인에게 적합한 금융 상품까지 추천한다. 과거에는 특정 정보를 얻기 위해 검색 엔진을 통해 여러 자료를 직접 찾아 비교해야 했지만, 현재 인공지능은 사용자의 질문 맥락을 스스로 파악하고 가장 적합한 답을 즉시 제공한다. 대표적인 사례로, 듀오링고는 챗GPT 기반의 인공지능을 통해 개인 맞춤형 언어 학습과 학습 보조 도구를 제공해 학생의 질문을 이해하고 개념 설명까지 지원하고 있다.

또한 문서 분석 및 법률 업무에서도 인공지능의 효과는 두드러진다. JP모건 체이스는 AI 기반의 문서 분석 시스템을 도입해 변호사가 일주일 걸리던 계약서 검토 작업을 수 초 내로 단축했다. 이와 유사하게 대형 로펌들은 '하비 AI(Harvey AI)'와 같은 인공지능을 활용해 법률 문서를 자동 분석하고, 핵심 조항을 요약하며 오류를 검출하는 작업을 수행하고 있다.

자연어 처리는 소프트웨어 개발 분야에도 변화를 가

져왔다. 깃허브의 코파일럿(GitHub Copilot)은 개발자가 간단한 설명만 입력하면 자동으로 코드를 생성하고 반복적인 코딩 작업을 줄여 줌으로써 개발 생산성과 효율성을 크게 향상시켰다.

오늘날 인공지능은 단순한 도구를 넘어 인간의 창의성과 생산성을 확장하는 강력한 조력자로 자리 잡았다. 인공지능 석학으로 튜링상 수상자인 얀 르쾽 뉴욕대 교수는 인공지능이 인간 지능을 확장함으로써 새로운 르네상스 또는 새로운 계몽주의를 일으킬 수도 있다고 말했다.

이 책은

이 책은 튜링이 제시했듯이 인공지능의 본질로서 자연어 처리를 다룬다. 자연어 처리 기술은 하루가 다르게 발전하고 있다. 이 책에서 아무리 최신 기술을 다룬다 해도 며칠이면 철 지난 정보가 될 것이다. 더구나 인공지능총서의 기획 의도에 따라서 그림이나 각주를 배제한 문고판이기 때문에, 교과서 같은 자세한 설명과 구체적인 예제를 포함하기도 어렵다. 그래서 가능하면 기본 원리에 집중하려고 했다. 또한 기술적인 내용에 그치지 않고 다양한 인문학적인 관점도 담았다. 기술을 잘 모르면 우리는 폄하하거나 두려워하기 쉽다. 기본 원리를 이해하고 나면 균형 있는 인문학적 입장을 가질 수 있다.

본문은 10개의 장으로 구성되었다. 1장은 자연어 처리의 역사, 2장부터 6장까지는 자연어 처리 기술의 원리를 설명한다. 7장부터 10장까지는 언어학, 언어철학, 윤리학, 미래학의 관점에서 자연어 처리를 살펴본다.

개별적으로는 다음과 같다. 1장은 자연어 처리 초기 연구에서 시작해서 통계적 방법, 기계학습, 심층 신경망, 대규모 언어 모델에 이르는 과정을 요약한다. 2장은 자연어 처리를 이해하기 위해 필요한 최소한의 수학적 개념을 설명한다. 벡터, 행렬, 확률, 통계, 정보이론, 미분, 최적화 등을 직관적으로 살펴본다. 3장은 자연어를 컴퓨터에 표현하는 방법을 서술한다. 단어 임베딩을 배우고 언어의 의미를 간접적으로 내재하는 방법을 이해해 본다. 4장은 기계학습을 통한 자연어 처리 기술을 설명한다. 통계적 방법과 특징 기반 기계학습을 배운다. 5장은 신경망을 통한 자연어 처리를 살펴본다. 기본적인 신경망을 이해하고 심층 신경망을 적용한 언어 모델을 원리적으로 얘기한다. 6장은 현대적 언어 모델의 원리를 서술한다. 트랜스포머 모델과 대규모 언어 모델을 살펴보고 구조와 동작을 이해한다. 7장은 언어학과 자연어 처리의 관계를 살펴본다. 언어학의 역사와 관점을 바탕으로 현대적 언어 모델을 평가한다. 8장은 언어 철학과 자연어 처리의 관계를 고찰한다. 언어 철학의 관점에서 의미의 본질, 언어와 사고의 관계, 언어와 세계의 관계를 살펴본다. 9장은 인공지능의 윤리에 대해서 고찰해 본다. 윤리적인 도전 과제와 해결 노력을 논의하고 상호작용을 들여다본다. 10장은 인공지능의 미래를 논의하며 마무리한다. 언어 모델과 범용 인공지능의 관계를 살펴보고 인공지능과 의식의 관계를 생각해 본다.

앨런 튜링이 1950년에 제안한 인공지능이 과연 어디까지 실현되었는지, 이제 인공지능의 본질로 들어가 살펴보자.

참고문헌

Cave, S., et al.(eds)(2020). *AI Narratives: A History of Imaginative Thinking about Intelligent Machines*, Oxford University Press.

Davis, M.(2000). *The Universal Computer: The Road from Leibniz to Turing*, W. W. Norton & Company.

McCarthy, J.(1959). Programs with Common Sense. *Proceedings of the Teddington Conference on the Mechanization of Thought Processes*, 75-84.

Newell, A., & Simon, H.(1976). Computer Science as Empirical

Inquiry: Symbols and Search. *Communications of the ACM, 19*(3), 113-126.

Schmidhuber, J.(2015). Deep Learning in Neural Networks: An Overview, *Neural Networks*, 61, 85-117.

Shannon, C.(1948). A Mathematical Theory of Communication. *Bell System Technical Journal*, 27.

Turing, A.(1950). Computing Machinery and Intelligence. *Mind, 59*(236), 433-460.

01
자연어 처리의 역사

인공지능의 역사와 함께 자연어 처리의 역사도 시작된다. 자연어 처리 기술은 태동기의 규칙 기반 방법에서 시작해 통계적 방법이 신경망 모델을 거쳐서 대규모 언어 모델로 진화하게 된다. 이 과정에서 각각의 전환점은 이전 접근법의 한계를 극복하며 발전했다. 현재는 철학적 논의와 현실적 응용이 결합된 새로운 패러다임의 시대로 이어지고 있다.

AI와 1인 창업?

초기 자연어 처리와 규칙 기반 방법

자연어 처리의 기원은 인공지능 연구의 기원과 같다. 초기 자연어 처리의 역사는 컴퓨터로 언어를 처리하기 위해 인간 언어의 복잡성을 이해해 가는 여정이었다. 튜링의 1950년 논문은 초기 연구자들에게 인간 언어 처리의 가능성을 탐구할 동기를 부여했다. 이후 촉발된 자연어 처리 연구는 두 가지 패러다임이 경쟁했다. 하나는 규칙 기반 방법이고 다른 하나는 통계적 방법이다. 규칙 기반 방법은 노엄 촘스키가 1957년에 제안한 생성 문법의 영향을 받았다. 이것은 언어 구조가 문장을 만드는 형식적인 규칙에 의해 정해진다는 것이다. 언어의 내부 구조를 규칙으로 설명하는 시도로서 규칙 기반 방법의 이론적 기틀을 제공한다.

1966년에 조지프 와이젠바움은 일라이자(ELIZA)라는 대화형 시스템을 개발했다. 이 시스템은 키워드와 간단한 규칙 기반 매칭을 사용해 심리 상담을 모방한 대화가 가능했다. 일라이자는 규칙 기반 접근이 실제 시스템에 적용 가능함을 보여 준 최초의 사례였다. 심리 상담을 흉내만 내는데도 실제로 사용자가 기계를 상담사로 느끼는 경우가 있었다. 하지만 문맥적 이해 없이 단순히 키워드 매칭만 수행하는 한계가 있었다. 이는 언어 이해의 본질에 대한 의문을 던지고, 더 복잡한 문맥 처리에 관심을 갖게 했다. 1970년에 테리 위노그라드는 셔들루(SHRDLU)라는 시스템을 개발한다. 셔들루는 제한된 가상 세계에서 언어 입력을 기반으로 객체를 조작할 수 있는 시스템이다. 셔들루는 일라이자와 달리 키워드 매칭에 그치지 않고 언어 처리에 의미론적 이해와 논리적 추론을 시도했다.

통계적 방법과 기계학습

초기 자연어 처리 연구에서 규칙 기반 방법을 먼저 시도했지만 언어의 복잡성과 변이를 효과적으로 다루지는 못했다. 모든 언어 규칙을 미리 정의하는 방식은 너무 비현실적이다. 대규모 데이터를 기반으로 언어의 규칙을 학습하려는 새로운 접근법의 필요성이 높아졌다. 이때 통계적 방법이 언어의 복잡성을 학습하고 일반화할 수 있는 가능성을 제시하며 주목받았다.

이를 바탕으로 등장한 n-그램 모델은 텍스트를 n개의 연속된 단어 묶음으로 분할해 학습한 뒤, 주어진 n-1개의 단어 묶음이 주어졌을 때 그 다음에 올 단어를 확률적으로 예측했다. n-그램 모델은 초기 통계적 언어 모델의 대표적인 사례다. 대규모 텍스트 데이터로부터 언어의 기본 패턴을 효과적으로 학습할 수 있었다. n-그램 모델은 1980~1990년대 대규모 텍스트 데이터가 확보되면서 음성 인식, 기계 번역, 텍스트 생성 등 다양한 자연어 처리 응용 분야에서 핵심적인 역할을 했다. 하지만 데이터에 없는 새로운 조합을 다루지 못하는 문제가 있고, 4-그램, 5-그램 등 고차원 모델에서는 계산이 너무 복잡해지는 한계를 드러냈다. 이 한계를 극복하기 위해 더 정교한 통계적 접근법과 벡터 공간 모델이 연구되기 시작했다.

1990년에 잠재 의미 분석 기법(Latent Semantic Analysis)이 등장해, 텍스트를 벡터 공간에 표현하면서 단어와 문서의 의미적인 관계를 포착하려 했다. 통계적 방법의 새로운 가능성을 연 기법으로, 문서와 단어 간의 통계적 관계를 분석해 저차원 벡터로 표현했으며, 단어 간 유사도를 수치로 계산할 수 있도록 했다. 그러나 이 초기 기법은 대규모 데이터를 처리할 수 없고, 더 복잡한 의미 관계를 표현하기 어려웠다. 이러한 한계를 극복하기 위해 2013년 등장한 워드투벡(Word2Vec)은 단어를 벡터 공간에 표현하는 혁신적인 방법이다. 이 모델은 단어를 고밀도의 저차원 벡터로 나타내며, 주어진 단어에서 문맥을 예측하거나 문맥에서 단어를 예측하는 방식으로 학습한다. 잠재 의미 분석과 달리 벡터 공간의 차원을 획기적으로 줄이면서도 단순히 동시 출현하는지 여부 이상의 풍부한 의미적 관계를 포착할 수 있다. 워드투벡은 단어 간의 의미 관계를 문맥에서 추론해 분포 가설(distributional hypothesis)을 효과적으로 구현한 모델로 인정받으며, 현대 자연어 처리 발전의 중요한 기반이 되었다.

통계적 방법은 확률 추론을 기반하는 기계학습(machine learning)으로 진화했다. 기계학습이란 특징 기반 학습 알고리즘(feature based learning)과 딥러닝(deep learning)을 모두 포함한다. 좁은 의미로 기계학습이라고 하면 특징 기반 기계학습을 나타내고 딥러닝과 구별된다. 특징 기반 기계학습은 사람이 데이터를 분석해 유의미한 특징을 뽑아내고, 이를 학습 알고리즘의 입력값으로 사용해 예측 모델을 만드는 방식이다. 1990년에 IBM은 통계적 기계 번역 모델인 IBM 모델 1(Model 1)을 발표했다. 이 모델은 단어 간의 번역 가능성을 계산해 기계 번역에서 데이터의 역할을 강조한 최초의 시도였다. 1994년에 루이스와 게일은 로지스틱 회귀 기법을 활용해 뉴스 기사 분류를 자동화하며 기계학습이 텍스트 처리에 효과적임을 입증했다. 그 후 기계학습은 스팸 이메일 분류와 같은 텍스트 분류, 제품 리뷰 분석 같은 감성 분석, 품사 분류와 같은 단어 분류 등 다양한 작업에서 효과적으로 사용된다. 이 방식은 데이터에서 직접 언어 패턴을 학습했기 때문에 규칙 기반 방법보다 확장성과 성능이 뛰어났다.

단어 임베딩과 신경망 기반 모델

잠재 의미 분석이나 워드투벡은 단어와 문장을 벡터로 표현하는 단어 임베딩(Word Embedding)이라고 불리는 기술이다. 단어를 고차원에서 저차원 벡터로 변환하고, 유사한 문맥에서 사용되는 단어들이 가까운 벡터 값을 가지도록 학습했다. 그러나 몇 가지 중요한 한계가 있었다. 단어를 고정된 벡터로 표현했기 때문에, 단어의 의미가 문맥에 따라 다른 다의어와 동음이의어 문제를 해결하지 못했다. 예를 들어 "은행"이라는 한국어 단어가 금융기관과 나무 종류라는 서로 다른 의미를 가지더라도 동일한 벡터로 표현된다. 또한 단어 간의 관계를 학습했지만, 문맥적 정보를 효과적으로 반영하지 못해 긴 문장이나 복잡한 문맥에서는 한계가 있었다.

한편 기계학습은 초기 자연어 처리에서 규칙 기반 접근의 한계를 극복하며 중요한 도약을 이뤘다. 그러나 기계학습 모델은 여전히 사람이 직접 설계한 특징에 크게 의존했으며, 문맥 정보를 충분히 반영하지 못했다. 복잡한 문법 구조나 문맥적 의미를 학습하려면 더 발전한 모델이 필요했다. 이러한 한계를 극복하기 위해 연구자들은 신경망(neural network) 기반 모델로 눈을 돌렸다. 신경망은 1950년대 로젠블랫의 퍼셉트론으로 시작해서 1980년대 홉필드의 연상 메모리 모델과 힌튼의 역전파 알고리즘을 거치면서 실질적 구현 가능성을 높여 왔다. 신경망은 데이터를 통해 언어의 복잡한 패턴을 자동으로 학습할 수 있는 가능성을 열었으며, 특징 설계에 대한 의존도를 크게 낮췄다.

신경망 언어 모델의 등장 전후로, 더 긴 텍스트를 처리하고 더 복잡한 문법과 문맥을 이해하기 위해서 심층 신경망(deep neural network)을 이용한 딥러닝 모델이 적용되었다. 이 과정에는 1980년대에 활발히 연구된 순환 신경망(recurrent neural net work)이 있었다. 순환 신경망은 순차적 입력 데이터를 차례로 처리하며 긴 문맥 정보를 학습할 수 있는 구조를 제공했다. 그럼에도 긴 문장의 앞부분이 뒤에서 중요한 문맥으로 작용하는 경우 학습이 안 되는 문제를 노출한다. 이러한 문제를 해결하기 위해 1997년에 호흐라이터와 슈미트후버는 순환 신경망을 개선하는 LSTM(Long Short-Term Memory)을 제안했다. LSTM은 입력 데이터를 장기적으로 기억해 기계 번역과 텍스트 생성과 같은 작업에 효과적으로 사용되었다.

자연어 처리의 역사는 신경망의 도입과 함께 복잡한 언어 특성을 다룰 수 있는 수준으로 발전했다. 신경망은 초기의 통계적 모델과 기계학습 기반 접근법을 넘어 데이터를 통해 문맥적 의미와 패턴을 학습할 수 있는 강력한 도구로 자리 잡았다. 2003년에 요슈아 벤지오는 신경망 언어 모델을 제안하며, 신경망을 활용한 언어 모델링의 가능성을 열었다.

신경망 언어 모델은 단어의 나열을 입력받아 다음 단어의 확률을 예측한다. 단어의 문맥적 확률을 학습해 기존 통계적 모델보다 정교한 결과를 제공했다. 그러나 계산 비용이 높아 대규모 데이터에서 활용하기에는 제약이 있었다. 이후 앞서 설명한 워드투벡도 신경망 학습을 활용해 학습 모델이 구현된다. 이는 구글 검색 엔진과 추천 시스템 등 다양한 방면에 활용되며 딥러닝의 실용성을 입증했다. 2014년에 스탠포드 자연어 처리 연구팀이 발표한 글로브(GloVe)는 워드투벡보다 더 정교한 글로벌 문맥 정보를 반영할 수 있게 했다. 이 두 모델은 신경망 기반 모델이 언어 데이터를 더 효과적으로 처리할 수 있음을 보여 주었다.

구글 브레인의 일리야 수츠케버 연구팀은 입력 텍스트를 벡터로 압축하고, 이를 다시 풀어 출력 텍스트로 변환하는 방식을 선보였다. 이 모델은 기계 번역에서 매우 뛰어난 성능을 나타낸다. 이어서 2018년에 앨런 연구소는 단어의 문맥적 의미를 동적으로 학습하는 문맥 임베딩 기술을 제안했다. 문장에서 단어가 사용되는 문맥에 따라 임베딩 벡터를 달리 생성해 다의어 문제를 해결하고, 자연어 처리 작업의 성능을 크게 향상시켰다.

트랜스포머 기반 언어 모델의 혁명

2017년에는 딥러닝 언어 모델의 혁명이 일어났다. 구글의 바스와니 연구팀이 트랜스포머(Transformer) 모델을 발표한 것이다. 트랜스포머는 순환 신경망의 순차 처리 한계를 극복하기 위해 설계된 모델로, 셀프 어텐션 메커니즘을 도입해 데이터의 병렬 처리를 가능하게 했다. 이는 학습 속도를 비약적으로 높이는 동시에 긴 문맥 정보를 효과적으로 학습할 수 있는 방법을 제공한다. 트랜스포머는 이후 언어 처리 모델의 표준 구조로 자리 잡았고, BERT와 GPT 같은 혁신적인 언어 모델의 기반이 된다.

BERT는 2019년에 구글 AI가 발표한 모델로, 트랜스포머의 인코더 구조(encoder)를 활용해 문맥을 양방향으로 학습하는 방식을 도입했다. BERT는 문장의 앞뒤 정보를 동시에 고려해 단어의 문맥적 의미를 학습할 수 있다. 특히 텍스트 분류, 질의 응답, 감정 분석 등 다양한 작업에서 최첨단 성능을 기록한다. 같은 해에 오픈AI는 GPT 시리즈의 첫 번째 모델을 발표했고, 이후 2019년 발표된 GPT-2는 자연스러운 텍스트 생성에서 인간 수준의 성능을 보이며 주목받았다.

2022년에 발표된 GPT-3는 1750억 개의 파라미터를 가진 초대규모 언어 모델로서 인공지능의 새로운 시대를 열었다. GPT-3는 소량 학습과 예제 없는 학습이 가능해 광범위한 자연어 처리 작업에서 뛰어난 성능을 발휘할 수 있음을 증명했다. 2023년에는 GPT-4가 등장해 텍스트와 이미지를 동시에 처리하는 멀티모달(multi modal) 기능을 도입하며, 언어 모델의 응용 가능성을 크게 확장했다.

현재에도 언어 생성 능력뿐 아니라 추론 능력을 함께 보유한 새로운 언어 모델이 개발되고 있다. 여기에 텍스트와 함께 이미지, 음성, 영상 등 다른 종류의 데이터를 함께 학습하는 멀티모달 언어 모델이 등장했다. 또한 대규모 언어 모델 대신에 소규모 언어 모델을 구현해 낮은 비용에 인터넷 연결 없이 특정 작업에 최적화하는 경량화 기법이 또 다른 트렌드가 되고 있다.

참고문헌

Bengio, Y. et al.(2003). A Neural Probabilistic Language Model. *Journal of Machine Learning Research*, 3, 1137–1155.

Brown, P. et al.(1990). A Statistical Approach to Machine Translation. *Computational Linguistics, 16*(2), 79–85.

Brown, T. et al.(2020). Language Models Are Few-Shot Learners. *Advances in Neural Information Processing Systems*, 33, 1877–1901.

Chomsky, N.(1957). *Syntactic Structures*, Mouton.

Deerwester, S. et al.(1990). Indexing by Latent Semantic Analysis. *Journal of the American Society for Information Science, 41*(6), 391–407.

Devlin, J. et al.(2019). BERT: Pre-training of Deep Bidirectional Transformers for Language Understanding. *Proceedings of the 2019 Conference of the North American Chapter of the Association for Computational Linguistics*, 4171–4186.

Firth, J.(1957). A Synopsis of Linguistic Theory 1930–1955. In *Studies in Linguistic Analysis*, 1–32, Blackwell.

Harris, Z.(1954). Distributional Structure. *WORD, 10*(2–3), 146–162.

Hochreiter S. & Schmidhuber, J.(1997). Long Short-Term Memory. *Neural Computation, 9*(8), 1735–1780.

Lewis, D. & Gale, W.(1994). A Sequential Algorithm for Training

Text Classifiers: Corrigendum and Additional Data. *SIGIR Forum, 29*(2), 13–19.

Mikolov, T. et al.(2013). Efficient Estimation of Word Representations in Vector Space. *Proceedings of the International Conference on Learning Representations*, 1–12.

Pennington, J. et al.(2014). GloVe: Global Vectors for Word Representation. *Proceedings of the 2014 Conference on Empirical Methods in Natural Language Processing*, 1532–1543.

Sutskever, I. et al.(2014). Sequence to Sequence Learning with Neural Networks. *Advances in Neural Information Processing Systems*, 27, 3104–3112.

Vaswani, A.(2017). Attention Is All You Need. *Advances in Neural Information Processing Systems*, 30, 5998–6008.

Weizenbaum, J.(1966). ELIZA—A Computer Program for the Study of Natural Language Communication Between Man and Machine. *Communications of the ACM, 9*(1),36–45.

Winograd, T.(1972). *Understanding Natural Language*, Academic Press.

02
수학적 기반

자연어 처리 모델의 핵심 요소는 크게 두 가지다. 첫째는 언어 데이터를 벡터 공간에 수치로 표현하는 방법이다. 이를 단어 임베딩이라 한다. 단어, 단어 간의 관계, 단어와 문맥의 관계, 문장 구조 등이 벡터 공간에 수치로 표시된다. 이 수치는 확률과 통계에 기반해 계산된다. 둘째는 이 확률과 통계의 수치를 결정하는 방법이다. 이것을 넓은 의미에서 기계학습이라고 한다. 이 두 가지 요소를 이해하려면 벡터와 행렬, 확률과 통계, 미분과 최적화를 알아야 한다.

AI와 MBTI?

벡터와 행렬

벡터는 크기와 방향을 가진 수학적 객체다. 수학이나 물리학에서 벡터 공간이라고 하는 다차원 공간의 위치를 표시하거나, 힘의 크기와 방향을 표현할 때 자주 사용된다. 예를 들어, 2차원 벡터 [3, 4]는 2차원 공간에서 물리적으로 원점에서 x-축으로 3만큼, y-축으로 4만큼 이동하는 방향과 크기를 나타낸다. 또 3차원 벡터 [1.0, -2.5, 3.2]는 수학적으로 3차원 공간의 한 점을 표시할 수 있다.

자연어 처리에서 단어, 문장, 문맥 등 언어 요소를 벡터로 표시한다. 벡터는 하나의 언어 요소를 여러 개의 수치 묶음으로 표현한 것이다. 따라서 이 벡터에 대한 여러 가지 연산을 생각할 수 있다. 두 벡터 $u=[1, 2, 3]$와 $v=[4, 5, 6]$에 대해 $u+v=[1+4, 2+5, 3+6] = [5, 7, 9]$와 같이 덧셈을 할 수 있다. 또 $u \cdot v=1 \cdot 4+2 \cdot 5+3 \cdot 6 =32$와 같이 서로 곱할 수 있다. 특히 이 곱셈을 내적(dot product)이라고 부르는데 두 벡터의 유사도를 측정할 때 유용하다. 나중에 나오겠지만 벡터 간의 유사도 계산은 특히 자연어 처리에서 중요하다. 유사도 계산법에는 내적 외에도 몇 가지가 더 있다. 가장 많이 사용되는 방법은 코사인 유사도다. 계산법은 다음과 같다.

$$코사인\ 유사도=\frac{u \cdot v}{|u| \cdot |v|}=\frac{1 \cdot 4+2 \cdot 5+3 \cdot 6}{\sqrt{1^2+2^2+3^3} \cdot \sqrt{4^2+5^2+6^2}}=0.975$$

두 벡터의 내적을 두 벡터 크기의 곱으로 나눈 것이다. 여기서 눈치챘겠지만, 벡터의 크기는 각 요소의 제곱을 합한 후 제곱근을 하여 구한다. 코사인 유사도는 -1에서 1 사이의 값을 가진다. 1에 가까울수록 두 벡터의 방향이 같고, 0이면 직교(서로 무관), -1이면 반대 방향이다. 크기는 무시하고 방향만 비교한다. 크기는 단어의 빈도를 반영하기도 한다. 단어의 유사도를 측정할 때 의미적인 유사성을 나타내는 방향을 중시하기 때문에 많이 사용된다.

행렬은 숫자를 행과 열로 배열한 수학적 객체다. 자연어 처리에서 데이터를 효율적으로 표현하고 처리하는 데 사용된다. 행렬은 2차원 배열에 숫자를 행과 열로 배치한다. 행렬의 크기는 $m \times n$으로 표현되며, m은 행의 개수, n은 열의 개수를 나타낸다. 다음 예는 3행 2열의 행렬을 보여 준다.

$$A=\begin{bmatrix}1 & 2\\ 3 & 4\\ 5 & 6\end{bmatrix}$$

벡터가 한 단어를 표시하는 방법이라면 행렬은 단어를 모아 놓은 것을 나타낼 수 있다. 즉, 하나의 행이 하나의 단어에 대응되도록 구성할 수 있다. 또한 행렬은 단어 간의 관계를 표시하기도 좋다.

벡터와 마찬가지로 행렬의 연산을 생각할 수 있다. 대표적으로 행렬 곱셈을 살펴보자. 두 행렬의 곱셈 $A \times B$는 다음과 같이 계산된다. 아래와 같은 행렬 $A(2 \times 3)$와 $B(3 \times 2)$에 대하여

$$A = \begin{bmatrix} 1\,2\,3 \\ 4\,5\,6 \end{bmatrix} \quad B = \begin{bmatrix} 7 & 8 \\ 9 & 10 \\ 11 & 12 \end{bmatrix}$$

결과 행렬 C는 2×2 크기로 생성된다.

$$C = A \cdot B = \begin{bmatrix} 1 \cdot 7 + 2 \cdot 9 + 6 \cdot 11 & 1 \cdot 8 + 2 \cdot 10 + 3 \cdot 12 \\ 4 \cdot 7 + 5 \cdot 9 + 6 \cdot 11 & 4 \cdot 8 + 5 \cdot 10 + 6 \cdot 12 \end{bmatrix}$$

$$= \begin{bmatrix} 58 & 64 \\ 139 & 154 \end{bmatrix}$$

A의 행과 B의 열을 가지고 벡터 내적을 계산한다. 그러다 보니 A의 행 크기와 B의 열 크기가 같아야 곱셈이

가능하다. 행렬은 자연어 처리의 다양한 처리와 학습 과정에서 행렬 연산을 통해 변환되거나 생성된다.

확률과 통계, 정보 이론

어떤 사건이 일어날 가능성을 0 과 1 사이의 숫자로 나타낸 것을 확률이라고 한다. 예를 들어 어떤 텍스트에 전체 단어 수가 12개일때 각 단어의 빈도를 세어 볼 수 있다. "cat"이라는 단어가 3번 등장했다면 이 단어가 문장에 나타날 확률은 $P(cat)=3/12=0.25$가 된다. 어떤 단어의 확률이 높다면 상대적으로 중요하거나 자주 등장한다는 것을 나타낸다.

자연어 처리에서 단어 간의 관계를 확률로 표현한다. 기본적으로 공동 확률과 조건부 확률이 자주 사용된다. 공동 확률은 두 사건 A와 B가 동시에 발생할 확률인데 $P(A, B)$로 표시한다. 계산은 A와 B가 동시에 발생하는 횟수를 모든 경우의 수로 나누면 된다. 조건부 확률은 어떤 조건 B가 만족되었을때 어떤 사건 A가 일어날 확률로 $P(A|B)$와 같이 표시한다. 계산은 A와 B가 동시에 발생하는 공동 확률을 B가 발생할 확률로 나누어서 구한다.

예를 들어 아래와 같이 총 3개의 문장으로 된 텍스트

를 가정해 본다.

The cat drinks milk.

The cat drinks water.

The cat likes milk.

단어 “cat”과 “milk”가 동시에 등장하는 문장은 몇 개일까? 2개다. 즉, 공동 확률 $P(cat, milk) = 2/3 = 0.67$이다. 또한 단어 “milk”가 나오는 확률 $P(milk) = 2/3 = 0.67$이다. 그러면 단어 “milk”가 나오는 문장에서 “cat”이 나올 확률은 조건부 확률 $P(cat|milk) = 0.67/0.67 = 1$로 계산된다.

통계는 데이터를 수집하고 요약해 해석하는 방법을 다루는 학문이다. 예를 들어 텍스트의 단어 수나 문장 길이와 같은 값을 모아서 평균이나 빈도를 계산하고, 이를 바탕으로 문서의 특성을 이해하고 예측하는 데 활용할 수 있다.

통계적으로 다루고자 하는 전체 집단을 모집단이라고 한다. 현실적으로는 모집단 전체를 모두 조사하는 것이 비현실적인 경우가 대부분이다. 이때 실제로 조사하거나 분석하는 모집단의 일부 데이터를 표본이라 한다. 표본의 대푯값이 우리가 잘 아는 평균이다. 평균은 데이터가 어떻게 흩어져 있는지를 표현하지 못한다. 최솟값과 최댓값의 편차가 크면 평균이 대표하기 어렵다. 예를 들어 5개의 문서에 각각 단어가 4, 5, 7, 6, 12개 들어 있다고 하자. 문서의 평균 길이는 (4+5+7+6+12)/5=6.8이다. 데이터의 분포 즉, 데이터가 평균으로부터 얼마나 떨어져 있는지를 수치화하려면 분산과 표준편차를 사용한다. 먼저 각 문서 길이와 평균의 차이를 계산해 보면 -2.8, -1.8, 0.2, -0.8, 5.2다. 이것들을 각각 제곱해서 합한 것을 총 개수로 나누면 분산이 된다. 표준편차는 분산에 다시 제곱근을 계산한 것이다. 분산은 수학적 모델링에서 다루기 편리하고, 표준편차는 데이터와 같은 단위라서 직관적인 결과 해석이 가능하다.

정보 이론(Information Theory)은 어떤 데이터나 사건의 불확실성과 정보량을 수량화하는 분야다. 데이터 확률 분포의 차이를 측정하는 다양한 지표를 제공한다. 정보 이론은 자연어 처리를 포함한 데이터 과학 전반에서 중요한 역할을 한다. 특히 모델 설계, 학습, 평가에 사용된다.

확률 분포는 가능한 모든 사건의 확률로 이루어진 집합이다. 이때 모든 확률 값의 합은 1이 된다. 어떤 사건들이 발생할 확률값의 분포는 균형적일 수도 있고 불균형적일 수도 있다. 확률 분포가 균형적일수록 사건 예측은 어려워진다. 예를 들어 동전 던지기에서는 앞면과 뒷면의 확률이 0.5로 동일하다. 이런 경우는 확률 분포가 균형적이라 예측이 불확실하다. 이런 예측 불확실성을 엔트로피(entropy)라고 한다. 엔트로피의 계산법은 다음과 같다.

$$H(X) = -\sum P(x)\log P(x)$$

그러면 동전 던지기의 엔트로피는

$$H = -(0.5 \cdot log_2 0.5 + 0.5 \cdot log_2 0.5) = 1$$

이다. 이것은 최대 엔트로피로서 예측이 불가능함을 의미한다. 주어진 확률 분포에서 사건의 개수가 N일 때 최대 엔트로피는 $\log N$이 된다. "The cat sat on the ____"에 들어갈 수 있는 단어를 예측해 보자. 여기에 들어갈 후보 세 개 중에서 "mat"는 90% 확률이고 "rug"와 "floor"는 각각 5%라고 가정한다. 이 경우 엔트로피는

$$H = -(0.9 \cdot log_2 0.9 + 0.05 \cdot log_2 0.05 + 0.05 \cdot log_2 0.05)$$
$$= 0.57$$

이다. 만일 각 단어의 확률이 40%, 30%, 30% 라고 한다면, 엔트로피는 1.57로 계산되고 최대 엔트로피 1.58에 육박한다. 즉 예측 불확실성이 매우 높다.

확률 분포가 아니라 개별 사건에 대해서 생각해 보자. 두 사건 x와 y가 함께 발생하는 정도를 나타내는 값을 개별 상호 정보량 PMI(Pointwise Mutual Information)이라고 한다. 이때 단순히 두 사건의 동시 발생 확률만 계산하지 않고, 이들이 독립적으로 발생할 확률과 비교한다. 즉,

$$PMI(x, y) = \log \frac{P(x, y)}{P(x)P(y)}$$

로 계산한다. 두 개의 동전 던지기는 한쪽 동전이 다른 쪽 동전에 전혀 영향을 주지 않는다. 두 사건이 완전히 독립적이기 때문에 두 동전이 모두 앞면이 나올 확률은 P(앞면, 앞면)$=P$(앞면)$\times P$(앞면)=0.25다. 그러면 PMI(앞면, 앞면)$=0$이 된다. PMI는 완전히 독립적인 경우인 $P(x) \cdot P(y)$에 비해서 실제로 동시 발생 확률

$P(x,y)$가 얼마나 큰지를 나타낸다. 다른 예를 들어 보자. 두 단어 "apple"과 "fruit"에 대해서 각각 확률이 $P(apple)=0.1$, $P(fruit)=0.15$이고, 둘의 공동 확률 $P(apple, fruit)=0.08$이라고 가정하자. 그러면 PMI는 다음과 같이 계산된다.

$$PMI(apple, fruit) = \log\left(\frac{0.08}{0.1 \cdot 0.15}\right) = 0.73$$

이 값은 두 단어가 자주 함께 등장하며 의미적으로 관련이 있을 가능성이 높다는 것을 나타낸다. PMI가 0보다 크면 두 사건이 관련이 높은 것이고, 0이면 서로 독립적이다. PMI가 0보다 작으면 서로 관련이 없거나 상호 배타적일 가능성을 나타낸다.

이번에는 예측 모델의 확률 분포와 실제 데이터의 확률 분포를 비교해 보자. 예측 모델이 실제 데이터를 얼마나 잘 예측하는지 평가하는 것이다. 세 단어 A, B, C가 특정 확률로 등장하는 상황을 생각해 보자. 데이터상의 확률분포 $P(x)$가 다음과 같다고 가정하자. $P(x)=\{\mathrm{A}:1, \mathrm{B}:0, \mathrm{C}:0\}$. 즉, 실제로는 A만 등장하고 B와 C는 전혀 발생하지 않는다. 그런데 예측 모델의 확률분포 $Q(x)$는 다음과 같다고 가정해 보자. $Q(x) = \{A : 0.7, B : 0.2, C : 0.1\}$. 이런 경우 두 확률분포의 차이를 측정하는 것을 교차 엔트로피(cross entropy)라고 한다. 교차 엔트로피는 다음과 같이 계산한다.

$$H(P, Q) = -\sum P(x) \log Q(x)$$

이렇게 계산해 보면 $H(P, Q) = -\log 0.7 \approx 0.51$ 이 된다. 그러나 만일 예측 모델이 예측한 확률분포가 $\{A : 0.4, B : 0.4, C : 0.2\}$ 라고 한다면, 교차 엔트로피는 $H(P, Q) = -\log 0.4 \approx 1.32$로 더 커진다. 이것은 예측 모델의 성능이 이전보다 더 나쁘다는 것을 의미한다.

교차 엔트로피는 자연어 처리 모델의 학습에서 손실 함수(loss function)로 사용된다. 손실 함수는 언어 모델의 예측 결과와 학습 데이터를 비교해 그 차이를 측정하는 역할이다. 결국 학습이란 손실 함수가 최소가 되도록 언어 모델을 조정해 가는 과정이다.

미분과 최적화

자연어 처리에서 핵심적인 요소 중 하나는 학습이다. 학습은 복잡한 데이터 세계에서 최적의 예측 모델을 찾아가는 과정이다. 앞에 나온 손실 함수의 변화를 이해하고 손실이 최소가 되도록 방향을 정하는 일로 이루어진다. 학습을 이해할 때 필요한 수학적 도구는 미분과 연쇄 법칙, 경사하강법(gradient decent)이다.

미분은 어떤 함수에 대해 변화의 크기와 방향을 계산하는 방법이다. 아주 작게나마 함수의 입력값을 움직였을 때, 그 결과값이 얼마나 변할지 계산하는 것이다. 예를 들어 산길을 걷고 있다고 상상해보자. 한 발짝 움직일 때마다 길이 얼마나 가파른지, 혹은 평탄한지를 느끼게 된다. 이 길의 기울기가 바로 미분값이다. 기울기가 크면 그만큼 빠르게 올라가거나 내려간다. 기울기가 0이면 더 이상 높이가 변하지 않는 평평한 지점에 있다는 뜻이다. 함수 $f(x) = x^2$를 생각해 보자. 이 함수는 x의 값이 0에서 멀어질수록 $f(x)$가 더 빠르게 증가하는 곡선이다. 이 함수의 미분값은 $f'(x) = 2x$와 같은 미분함수로 계산한다. $x = 3$일 때 $f'(3) = 6$이 된다. 이는 $x = 3$이라는 지점에서 곡선이 얼마나 가파르게 상승하고 있는지를 알려 준다. 만약 $x = 0$이라면 $f'(0) = 0$이므로, 이 지점에서는 변화가 없고 곡선이 평평하다는 의미다.

연쇄 법칙은 여러 단계의 미분을 연결할 수 있게 해 준다. 한 가지 변화가 다른 변화로 연결될 때, 전체 변화는 각 단계를 따라 연결된 변화의 곱으로 계산된다. 예를 들어, 아이스크림 가게에서 기온이 높아지면 매장 방문자 수가 증가하고, 방문자 수가 많아지면 아이스크림 판매량이 증가한다. 이 두 단계가 연결되어 있으니, 기온 변화가 아이스크림 판매량에 미치는 전체 영향을 계산해 보자. 먼저 기온 T와 방문자 수 h의 관계를 $h(T) = 50T - 300$으로 가정한다. 다음으로 방문자 수 h와 판매량 g의 관계를 $g(h) = 2h + 10$이라고 가정한다. 그러면 기온과 판매량의 관계는 $f(T) = g(h(T))$와 같이 합성 함수로 표현된다. 기온이 방문자 수로 연결되고 다시 방문자 수가 판매량으로 연결된다. 이때 기온 T의 변화가 판매량 f의 변화에 얼마나 영향을 미치는지 계산하려면 합성 함수 $f(T)$를 미분하면 된다. 합성 함수를 미분하는 방법이 바로 연쇄 법칙이다. 즉 $f'(T) = g'(h(T)) \cdot h'(T)$ 이다. 첫 함수 $h(T)$를 미분하면 $h'(T) = 50$이다. 즉, 기온이 1도 오를 때마다 방문자 수는 50명 증가한다. 두 번째 함수 $g(h)$의 미분은 $g'(h) = 2$이다. 방문자 수가 1명 증가할 때 판매량은 2씩 증가한다. 여기서 연쇄 법칙을 적용하면 합성함수의 미분값은 $f'(T) = 2 \cdot 50 = 100$이다. 다시 말해서 기온이 1도 올라감에 따라서 판매량이 100씩 증가함을 알 수 있다.

미분과 연쇄 법칙은 개별 함수의 변화율이나 합성 함수의 변화율을 계산한다. 이런 변화율을 알면 어느 방향으로 가야 최솟값에 도달하는지 알 수 있다. 경사하강법은 "최적의 결과"를 찾기 위해 가장 낮은 지점을 향해 조금씩 이동하는 방법이다. 최저점을 향해 가장 빠르게 산을 내려가려고 한다고 생각해 보자. 현재 위치에서 가장 가파르게 내려가는 방향(기울기)을 계산하고, 그 방향으로 조심스럽게 걸음을 내딛는다. 이때 발걸음의 크기를 적당히 조절하는 것이 중요하다. 너무 큰 걸음을 내딛으면 최저점을 지나쳐서 다른 곳으로 가 버릴 위험이 있고, 너무 작은 걸음을 내딛으면 이동 속도가 느려질 수 있다. 경사하강법은 함수의 기울기(미분값)를 따라 이동하며 점차적으로 함수 값을 줄여 나가는 과정이다. 함수 $f(x)$의 최솟값을 구하고자 할때, 현재 위치에서 기울기를 계산해 x를 새로운 $x_{\text{new}} = x - \eta \cdot f'(x)$로 업데이트한다. 여기서 η는 학습률이라 하는데, 한 번의 업데이트에서 얼마나 큰 걸음을 내딛을지를 결정한다. 예를 들어 함수 $f(x) = x^2$의 최솟값을 찾아보자. 이 함수는 $x = 0$에서 최솟값을 가지며, 그 외의 지점에서는 증가하는 곡선이다. 함수의 미분은 $f'(x) = 2x$이다. 경사하강법을 수행해 보자. 먼저 초기 값 $x = 3$과 함께 학습률은 $\eta = 0.1$로 설정한다. 이때 함수의 미분값은 $f'(3) = 2 \cdot 3 = 6$으로 계산된다. 그러면 새로운 x는 $x_{\text{new}} = 3 - 0.1 \cdot 6 = 2.4$로 갱신된다. 다시 $x = 2.4$에서 반복하면 $f'(2.4) = 4.8$ 이므로, 또 새로운 $x_{\text{new}} = 1.92$를 얻는다. 이 과정을 반복하면 x가 점점 0에 가까워지면서 함수의 최솟값에 도달한다.

자연어 처리에서 이와 같은 경사하강법은 손실 함수를 최소화하는 데 사용된다. 손실 함수는 모델의 예측이 실제 데이터와 얼마나 다른지를 수치적으로 표현한다. 예를 들어, 언어 모델이 "The cat sat on the ___"이라는 문장에서 "mat"을 예측해야 할 때, 손실 함수는 모델의 예측 확률이 정답에 얼마나 가까운지를 측정한다. 경사하강법은 이 차이를 줄이기 위해서 모델의 단어 벡터와 가중치를 반복적으로 업데이트한다.

정리하자면 다음과 같다. 언어 모델 내부에 텍스트와 텍스트의 의미를 어떻게 표현할 것인가? 벡터와 행렬 구조를 이용한다. 텍스트와 텍스트의 의미를 어떤 수치로 표현할 것인가? 확률과 통계에 기반한 수치로 표현한다. 언어 모델이 얼마나 정확한 예측을 하는지 또는 학습 데이터와 얼마나 차이가 있는지를 어떻게 측정할 것인가? 엔트로피 개념을 이용한다. 언어 모델의 학습 메커니즘은 어떤 방법을 사용하는가? 미분과 경사하강법이 기본이 된다.

참고문헌

Ananthaswamy, A.(2024). *Why Machines learn: The Elegant Math Behind Modern AI*, Penguin Random House.

Goodfellow, I., et al.(2016). *Deep Learning*, MIT Press.

Jurafsky, D., & Martin, J. H.(2008). Speech and Language Processing: An Introduction to Natural Language Processing. *Computational Linguistics, and Speech Recognition*, Pearson.

03
언어의 수학적 표현

언어 모델은 단어, 문법 구조, 단어의 의미, 단어 간의 관계, 문맥의 관계 등의 언어 요소를 알고 있어야 한다. 그래야 문법에 맞고 의미와 문맥에 맞는 언어를 이해하고 구사할 수 있다. 하지만 이런 요소들을 명시적으로 표현하는 방법은 찾지 못했다. 대신, 언어 요소를 암시적이면서 내재적으로 그리고 간접적으로 포괄하는 기막힌 방법을 찾아냈다.

AI와 난임 극복?

단어의 표현

자연어 처리의 두 가지 핵심 요소인 언어 표현과 언어 학습 중에서 언어 표현 방법을 살펴본다. 언어 모델이 언어를 이해한다는 것은 어떤 상황에서 어떤 단어를 사용하면 되는지 판단할 수 있다는 것을 의미한다. 구체적으로는 언어의 단어, 문맥, 문장 구조를 학습하고, 이러한 정보를 벡터 형식으로 모델 내부에 표현한다. 벡터 표현이 언어 요소를 명시적으로 표시하는 것은 아니고, 간접적으로 서로 간의 관계로 표현한다.

언어 표현이 처음부터 언어의 복잡성을 모두 반영한 것은 아니었다. 자연어 처리의 초기 목표는 텍스트 데이터를 컴퓨터가 처리할 수 있는 형식으로 변환하는 것이었다. 컴퓨터는 숫자를 기반으로 연산하기 때문에, 단어와 같은 텍스트 정보를 수치적 표현으로 바꾸어야 했다. 초창기에는 각 단어를 고유한 숫자, 즉 아이디로 표현하는 방식이 사용되었다. 예를 들어, "사과", "바나나", "포도"라는 단어가 있으면, 이들을 각각 1, 2, 3으로 변환하는 방식이다. 하지만 곧 통계 분석에서 사용하는 원-핫 인코딩(One-hot encoding)을 채용하게 된다. 데이터가 서로 크고 작음을 비교할 필요가 없고 서로 구분만 하면 되는 경우를 범주형이라고 한다. 단어의 집합도 범주형 데이터다. 원-핫 인코딩은 범주형 데이터를 각각 고유한 벡터로 변환한다. 벡터의 길이는 전체 단어의 개수와 같고, 각 단어와 벡터 내 위치를 대응시킨다. 특정 단어를 나타내는 벡터는 그 단어에 해당하는 위치만 1로 표시되고 나머지는 모두 0으로 채워진다. 예를 들어 단어 집합이 {"사과", "바나나", "포도"}라면, "사과"는 [1, 0, 0], "바나나"는 [0, 1, 0], "포도"는 [0, 0, 1]과 같이 3차원 벡터로 표현된다. 이렇게 하면 컴퓨터는 단어를 벡터로 처리할 수 있게 된다.

하지만 원-핫 인코딩 방식에는 여러 문제가 있다. 첫째는 고차원 문제다. 단어 집합의 크기가 클수록 벡터의 차원이 커지기 때문에 메모리 사용량과 계산 비용이 기하급수적으로 증가한다. 또한 원-핫 벡터는 대부분의 값이 0으로 채워지는 희소 벡터이기 때문에 대규모 단어 집합을 처리할 때 비효율적이다. 둘째 문제는 의미 부족이다. 원-핫 벡터는 단어 간의 의미 관계를 전혀 표현하지 못한다. 예를 들어 "고양이"와 "개"는 둘 다 동물이고 비슷한 맥락에서 자주 사용되지만, 원-핫 벡터로 표현하면 두 단어는 서로 아무 상관 관계가 없는 벡터로 처리된다. 단어의 의미를 표현하기 위해서는 더 복잡한 방법이 필요하다.

단어의 의미

언어의 의미란 무엇일까? 고대로부터 언어의 의미는 중요한 철학적 주제였다. 플라톤은 『크라틸로스』라는 대화편에서 단어의 본질과 의미에 대해서 탐구했다. "고양이"라는 단어는 그 동물의 본질과 직접 연결되는가, 아니면 단순히 사람들의 합의에 의한 것인가와 같은 질문이다. 근대에도 언어의 의미는 지속적인 탐구 대상이었다. 존 로크는 『인간 지성론』에서 단어와 대상 간의 관계는 임의적인 사회적 약속으로 정해진다고 했다. 비트겐슈타인은 『철학적 탐구』에서 단어의 의미는 사용에 있다고 주장했다. 단어의 의미는 사회적 맥락이나 사용 방식에서 비롯된다고 보았다. 페르디낭 드 소쉬르는 『일반언어학 강의』에서 언어의 기호학적 구조를 제시했다. 단어의 의미는 단어와 사물 간의 관계가 아니라 다른 단어들과의 관계에서 형성된다고 주장했다.

이와 같은 철학적, 언어학적 생각을 구체적이고 체계적인 방법론으로 발전시킨 것이 젤리그 해리스의 분포 가설이다. 어떤 단어의 의미는 그 단어의 분포 성질을 보면 알 수 있다는 것이다. 같은 방향으로 존 루퍼트 퍼스는 1957년에 "단어의 의미는 그것이 사용되는 문맥에서 파생된다"는 개념을 강조하며, 단어 간의 관계를 통계적으로 학습하는 이론을 마련했다.

어떤 단어의 문맥이란 그 단어 주변의 단어들을 말한다. 분포는 단어가 등장하는 문맥의 통계적 패턴이다. 예를 들어 "고양이"라는 단어가 "사료", "먹이다', "반려동물" 등과 자주 등장한다면, "고양이"는 이런 단어와의 관계로 정의된다. 또한 해리스는 동시 발생 행렬을 제안하여, 단어의 분포를 비교하고 단어의 유사성을 정량적으로 측정했다. 동시 발생 행렬은 단어마다 주변 단어들과 함께 등장하는 빈도수를 나타낸다. 예를 들어, 앞에서 봤던 다음 문장을 생각해 보자.

The cat drinks milk.

The cat drinks water.

The cat likes milk.

이에 대한 동시발생 행렬은 다음과 같이 나타낸다.

표 3-1. 동시발생 행렬

중심단어	The	cat	drinks	likes	milk	water
cat	3	0	2	1	2	1
water	1	1	1	0	0	0
milk	2	2	1	1	0	0

어떤 단어를 중심으로 문장에서 함께 등장한 단어의 빈도수를 표시한 것이다. 이렇게 하면 단어의 관계를 수치화해 단어의 의미를 간접적으로 표현할 수 있다. 동시 발생 행렬을 시작으로 단어의 의미를 효과적으로 처리하는 방법이 발전한다.

단어 임베딩

단어 임베딩 기술은 단어를 벡터 공간에 표시할 때 단어 간의 관계가 반영되도록 벡터 간의 관계를 설정하는 방법이다. 임베딩은 말 뜻대로 하면 삽입이다. 수학에서 임베딩은 기하학, 추상대수학, 위상수학 등 여러 분야에서 등장한다. 각 분야에 따라 구체적인 정의와 역할이 다르다. 공통적으로는 어떤 공간의 값들을 다른 공간의 값들로 변환하면서 값 사이의 구조적 특성이 보존되도록 하는 함수다. 단어 임베딩은 이 개념을 언어 처리에 적용한 것이다.

언어를 단어들이 관계를 맺고 있는 공간이라고 간주해 보자. 이 언어 공간 내의 단어들을 벡터 공간으로 옮기는 것이다. 언어 공간에서 관계를 맺고 있는 단어들이 벡터 공간에서도 유사한 관계를 맺도록 하는 것이 관건이다. 단어 임베딩은 학습 과정을 통해 언어 공간에서 설정된 단어 간의 관계를 벡터 공간에 반영한다. 그러나 수학의 임베딩만큼 완벽하게 구조를 보존하지는 못한다. 이는 학습 알고리즘, 데이터의 품질, 언어의 복잡성 등 성능을 좌우하는 요소들 때문이다. 대신, 언어에서 두 단어가 유사한 의미를 가진다면 벡터 공간 안에서도 두 벡터가 최대한 서로 가깝도록 학습을 통해 배치한다.

언어 공간과 벡터 공간 사이에 단어 임베딩이 가능한 이유는 매니폴드 가설(Manifold hypothesis)로 설명될 수 있다. 매니폴드 가설은 복잡한 고차원 데이터가 실제로는 더 적은 차원의 패턴을 따르며, 보다 단순한 구조를 형성한다는 것을 의미한다. 예를 들어 지구 전체는 3차원 곡면이지만 한 지역을 확대하면 2차원 평면처럼 보인다. 언어 데이터도 전체적으로는 훨씬 고차원일지라도, 실제 의미 정보는 더 단순한 차원의 형태로 표현될 수 있다. 매니폴드 가설은 복잡한 언어 공간을 간결한 벡터 공간으로 압축해도 단어의 의미를 충분히 효과적으로 포착할 수 있다는 근거가 된다.

단어 임베딩의 초기 형태는 잠재 의미 분석 기법이다. 동시 발생 행렬을 저차원 벡터로 압축하는 데 특이값 분해법(Singular Value Decomposition)을 이용한다. 특이값 분해법은 고차원 데이터에서 저차원 표현을 추출하거나 복잡한 행렬을 간단한 행렬로 근사하는 방법이다. 신호와 노이즈를 분리하거나 고해상도 이미지를 중요한 시각 정보만 남긴 저해상도 이미지로 변환하는 데에도 사용된다. 자연어 처리에서도 단어의 의미를 표현할 때 덜 중요한 노이즈를 제거하고 중요한 관계만 남긴다. 앞의 예(표 3-1)에 나온 동시 발생 행렬을 특이값 분해법으로 계산하면 아래와 같이 압축된 값으로 표현된다.

"cat": [0.805, -0.592]
"water": [0.281, 0.340]
"milk": [0.521, 0.730]

저차원 벡터로 표현된 단어의 의미는 유사성 측정 등의 연산에 사용되어 계산량도 상당히 줄여 준다. 게다가 단어의 표면적인 빈도만이 아니라 잠재적인 의미적 연결도 포착할 수 있다. 어떤 두 단어가 서로 다른 문맥에서 사용되었어도 두 문맥이 유사성이 있으면 두 단어의 유사성도 높아진다. 즉, 직접 관계가 아닌 간접적인 관계도 표현 가능하다. 예를 들어, "car"와 "automobile"은 표면적으로는 다른 단어이지만, 이 두 단어가 "road", "drive"와 같은 문맥에서 함께 나타나는 패턴을 포착해

둘 사이의 유사성을 반영할 수 있다. 하지만 잠재 의미 분석은 학습 데이터 전체에 대한 동시 발생 행렬을 생성하다보니 대규모 학습 데이터를 처리하기 어렵고 간단한 의미 정보만 표현 가능하다.

단어 임베딩의 표준 모델은 2013년에 등장한 워드투벡(Word2Vec) 모델이다. 워드투벡은 잠재 의미 분석과 같이 저차원 밀집 벡터로 단어를 표현하지만 신경망을 이용하는 단어 임베딩 기법이다. 동시 발생 행렬과 특이값 분해를 사용하지 않고, 신경망을 이용해 텍스트 데이터를 직접 학습한다. 학습 데이터는 수백만 개의 문장으로 이루어진다. 학습 데이터에서 중심 단어와 문맥 단어가 자주 등장하는 패턴을 학습해 실제로 학습 데이터에서 관찰된 조건부 확률 P(중심단어 | 문맥단어)와 모델이 예측한 조건부 확률이 최대한 가까워지도록 조정한다. 예를 들어, "The cat sat on the mat"과 같은 텍스트에서 중심 단어 "cat"이 문맥 단어 {"The", "sat", "on"}에 대해서 어떤 문맥 단어와 자주 등장하는지 학습해 "cat"의 벡터를 조정한다.

워드투벡은 단어와 문맥의 관계를 두 가지 알고리즘으로 학습한다. 하나는 스킵-그램(skip-gram)인데 중심 단어를 보고 주변 문맥 단어를 예측하는 것이 목표다. 이를 위해 유사한 문맥에서 사용되는 단어는 벡터 공간에서 서로 가까운 위치에 배치한다. 다른 하나는 CBOW(Continuous Bag of Words)인데, 반대로 주변 문맥 단어를 기준으로 중심 단어를 예측하도록 한다. 문맥 단어의 의미로부터 중심 단어의 의미를 결정하도록 학습한다. 워드투벡 모델은 대규모 학습 데이터도 효율적으로 학습할 수 있고 더 복잡한 문맥 관계를 처리할 수 있다. 단어의 의미를 고정된 벡터로 표시하기 때문에 "king − man + woman ≈ queen"과 같은 벡터 연산도 가능하다. 워드투벡은 현대적 언어 모델의 중심 기술로서 새로운 모델의 기반이 되기도 한다. 워드투벡의 성능을 개선하는 파생 기법으로는 글로브(Glove)와 패스트텍스트(FastText)가 있다. 워드투벡은 문맥 창(context window)이라고 하는 정해진 개수의 문맥 단어를 활용하지만, 글로브는 학습 데이터 전체에서 전역 통계 정보를 활용해서 학습한다. 패스트텍스트는 단어를 부분 문자열 단위로 분해해서 학습한다. 사실 현대적인 언어 모델에서는 단어 단위로 처리하지 않고 단어의 하위 단위인 토큰으로 분리해서 처리한다. 하지만 이 책의 설명에서는 단어 단위로 처리하는 것처럼 표현해서 단순화했다.

문맥 임베딩

언어는 문맥에 따라 단어의 의미가 달라지는 특징을 가지고 있다. 예를 들어 "배"라는 단어를 살펴보자. 아래 문장 1에서 "배"는 신체 부위를 뜻한다. 문장 2에서는 선박을 말하고, 문장 3에서는 과일을 의미한다.

문장 1: "배가 아파서 병원에 갔다."
문장 2: "항구에 배가 정박해 있다."
문장 3: "배를 먹으니 정말 달콤하다."

사람은 문장을 읽으며 자연스럽게 "배"가 어떤 의미로 쓰였는지 알 수 있다. 기존 워드투벡이나 파생 기법은 한 단어가 서로 다른 문맥에서 서로 다른 의미로 사용되는 것을 반영하지 못한다. 이것은 정적 단어 임베딩이라서 단어 하나의 의미가 고정된 벡터 하나로 표현되기 때문이다. 이것을 다의어 문제라고 한다.

다의어 문제를 해결하려면 문맥 의존 임베딩이 필요하다. 문맥 의존 임베딩은 하나의 단어를 고정된 하나의 벡터로 표현하지 않고, 문맥에 따라 동적으로 변하는 벡터를 생성한다. 이렇게 해서 같은 단어라도 문맥에 따라 다른 의미를 가지는 것을 반영할 수 있다. 예를 들어 문장 1의 "배"는 [0.32, -0,12, 0.85, …] 로 표시하고 문장 2의 "배"는 [0.91, 0.23, -0.44, …]으로, 또 문장 3에서는 [-0.53, 0.39, 0.21, …]으로 표시할 수 있다. 문맥 의존 임베딩은 각 문장에서 "배"의 의미를 따로따로 학습하고 서로 다른 벡터로 표현한다.

ELMo(Embeddings from Language Models)는 문맥 의존 임베딩의 초기 모델이다. ELMo의 핵심 원리는 양방향 LSTM이라고 하는 양방향 학습이 가능한 순환 신경망을 이용한다. 양방향 LSTM은 텍스트를 왼쪽에서 오른쪽으로 읽으면서 단어의 '이전 문맥'을 학습하고, 다시 오른쪽에서 왼쪽으로 읽으면서 단어의 '이후 문맥'을 학습한다. 이 두 정보를 결합해 단어 벡터를 생성한다. 이렇게 다의어 처리가 가능해지면 텍스트 분류, 감성 분석, 질의 응답, 기계 번역 등 다양한 작업에서 성능을 크게 향상시킨다.

참고문헌

Bojanowski, P., et al.(2017). Enriching Word Vectors with Subword Information. *Transactions of the Association for Computational Linguistics*, 5, 135–146.

Deerwester, S., et al.(1990). Indexing by Latent Semantic Analysis. *Journal of the American Society for Information Science*,

41(6), 391–407.

Harris, Z.(1954). Distributional Structure. *WORD, 10*(2–3), 146–162.

Mikolov, T., et al.(2013). Efficient Estimation of Word Representations in Vector Space. arXiv preprint arXiv:1301.3781.

Pennington, J., et al.(2014). GloVe: Global Vectors for Word Representation. In *Proceedings of the 2014 Conference on Empirical Methods in Natural Language Processing (EMNLP)*, 1532–1543.

Peters, M. E., et al.(2018). Deep Contextualized Word Representations. arXiv preprint arXiv:1802.05365.

04
기계학습과 자연어 처리

넓은 의미에서 기계학습은 통계적 방법, 특징 기반 기계학습, 딥러닝 등을 모두 포괄하는 개념이다. 기계학습은 준비된 데이터를 학습해 패턴을 찾아내고, 찾아낸 패턴을 이용해 새로운 입력에 대해 출력을 예측해 내는 모든 방법론을 포함하는 상위 개념이다. 그 아래에 통계적 방법, 특징 기반 기계학습, 딥러닝 같은 다양한 접근법이 존재한다.

AI와 사주?

통계적 방법

통계적 언어 모델은 학습 데이터를 분석해 단어의 출현 확률을 계산하고, 이를 이용해 문장에서 다음 단어를 예측하거나 기계 번역을 수행할 수 있다. 확률 계산에는 조건부 확률, 베이즈 정리, 확률 분포 등의 개념이 적용되며, 이를 통해 단어 또는 구문 간의 확률 관계를 학습한다. 학습된 확률 값은 단어 출현 확률이나 번역 단어 대응 확률로 활용된다. 이 확률 값들은 확률 테이블로 저장되고 텍스트 생성이나 번역 과정에서 참조된다.

통계적 언어 모델로 유명한 것이 n-그램 모델이다. n-그램 모델은 텍스트에서 단어열이나 문자열의 확률을 계산해 다음 단어를 예측하거나 텍스트를 생성한다. 예를 들어, "나는 축구를 ____"와 같은 문장에서 빈칸에 나올 다음 단어를 예측해 보자. n-그램 모델은 이전 단어의 확률을 이용해 다음 단어를 예측하는 방식을 사용한다. 여기서 n은 몇 개의 단어를 고려하는지 나타낸다. 바이그램(2-그램) 모델은 이전 단어 하나만 보고 다음 단어를 예측한다. 만약 학습 데이터에서 "축구를 좋아한다"라는 문장이 80번 등장하고 "축구를 본다"가 20번 등장했다면 "축구를 좋아한다"가 80% 확률로 계산된다. 높은 확률에 따라 "나는 축구를 좋아한다"라는 문장이 선택될 수 있다. 더 긴 문맥을 반영하고 싶다면 트라이그램(3-그램) 모델을 사용한다. 즉, 이전 단어 두 개를 보고 다음 단어를 예측한다. "나는 축구를 좋아한다"와 "나는 축구를 본다"의 학습된 확률에 따라서 문장을 선택한다.

n-그램 모델의 장점은 계산이 간단해 빠르고 다양한 분야에 응용이 가능하다는 것이다. 실제로 n-그램 모델은 자동 완성, 음성 인식, 맞춤법 검사, 기계 번역 등에 유용하게 활용되었다. 그러나 긴 문맥을 반영할 수 없고 학습 데이터에 없는 단어 조합을 만났을 때 어려움을 겪는다. 더 정교한 자연어 처리를 위해서는 특징 기반 기계학습을 이용할 수 있다.

특징 기반 기계학습

특징 기반 기계학습은 입력 데이터를 특징으로 변환하고, 이를 바탕으로 학습 알고리즘을 적용해 학습 데이터로부터 패턴을 학습하는 방식이다. 학습이 끝난 기계학습 모델은 학습된 특징을 이용해 새로운 입력 데이터를 분류하거나 입력의 특성을 예측하는 역할을 수행한다. 텍스트, 이미지, 수치 데이터 등 다양한 입력을 처리할 수 있으며, 특히 자연어 처리, 이미지 분석, 추천 시스템 등 여러 분야에서 널리 사용된다. 특징 기반 기계학습은

3가지 요소로 구성된다. 특징 추출, 학습, 예측이다. 데이터의 특징을 추출하고, 학습 데이터로부터 학습 알고리즘을 이용해 특징을 학습한 다음, 학습된 특징을 기반으로 새로운 입력 데이터에 대한 예측을 도출한다.

특징 기반 기계학습에서 특징이란 데이터의 핵심적인 속성을 수치적으로 표현한 값을 의미한다. 특징은 모델이 학습할 수 있도록 데이터를 정량화하는 역할을 한다. 이미지에서는 색상이나 모양, 텍스트에서는 단어 빈도나 문장 길이와 같은 정보가 특징이 될 수 있다. 어떤 속성을 학습할 특징으로 선택하느냐가 모델의 성능을 좌우한다. 특징 기반 기계학습에서 특징을 설계하는 역할은 데이터 과학자나 도메인 전문가가 맡는다. 사람이 데이터를 분석하고 의미 있는 속성을 선택해 모델이 학습할 수 있도록 특징을 정의한다. 이 과정을 특징 공학이라고 한다. 예를 들어 구매 기록을 학습해 고객이 이탈할 가능성을 예측하는 모델을 만든다고 해 보자. 구매 기록에서 "구매 횟수", "최근 구매일", "고객 서비스 문의 횟수" 같은 비즈니스적으로 중요한 변수를 선택해야 한다. 자연어 처리, 금융, 의료 등 다양한 분야에서 특징 설계를 할때 도메인 지식은 필수적이다. 스팸 이메일을 분류하는 모델을 만든다면 다양한 특징 유형을 생각할 수 있다. "당첨", "무료" 등의 단어가 출현하는 빈도, HTML 태그 포함 여부, 하이퍼링크 개수, 수신자가 100명 이상 여부 등 스팸 메일의 속성을 분석하고 특징을 설계하면 된다. 중요한 속성을 빠뜨리거나 불필요한 속성을 추가하면 모델의 예측 성능이 저하될 수 있다.

학습 알고리즘

특징 기반 기계학습의 학습 알고리즘은 주어진 특징을 바탕으로 데이터의 패턴을 학습한다. 학습 알고리즘은 목적에 따라서 다양한 알고리즘이 개발되었다. 크게 나누면 분류, 회귀, 순차 예측으로 구분된다.

분류 알고리즘은 입력 데이터를 여러 카테고리로 나눈다. 이메일을 스팸과 정상으로 분류하고 영화 리뷰를 긍정과 부정으로 분류하는 이진 분류에는 로지스틱 회귀 알고리즘이 자주 사용된다. 간단한 스팸 메일 분류 예제를 생각해 보자. "무료"라는 단어가 등장하는 횟수 x_1과 "당첨"이라는 단어가 등장하는 횟수 x_2, 두 개의 특징을 설계하겠다.

이제 입력 변수 x_1, x_2와 가중치 W_1, W_2의 선형 관계를 다음과 같이 설정한다.

$$z = W_1x_1 + W_2x_2 + b$$

여기서 W_1은 "무료"의 중요도이고 W_2는 "당첨"의 중요도를 나타낸다. b는 편향이라고 하는데 보통 입력값이 모두 0일 때 모델의 기본 예측값을 설정하는 역할을 한다. 편향이 0이면 입력값이 0일때 항상 중립적인 예측(50%)을 한다. 편향이 음수이면 기본적으로 스팸이 아닐 가능성이 높게 나타나고, 양수이면 스팸 가능성이 높게 나온다.

그 다음, 선형식의 결과 z에 출력 변환 함수를 적용한다. 출력 변환 함수는 선형식이 예측한 결과를 사용자가 원하는 출력 형태로 변환할 목적으로 사용된다. 여기서는 출력이 확률값 모양이 되도록 하기 위하여 시그모이드 함수(sigmoid function)를 적용하는데, 다음과 같다.

$$P(\text{스팸} \mid x_1, x_2) = \frac{1}{1+e^{-z}}$$

이 값은 스팸 확률로서 0.5 이상이면 스팸(1)으로 분류할 수 있고, 0.5 미만이면 정상 메일(0)로 분류한다. 여기서 시그모이드 함수는 선형식의 결과 z가 실수 전체 범위에 속하더라도 0과 1 사이의 값으로 변환해 준다. 즉,

z가 매우 큰 양수이면 1에 가깝게 변환하고, 아주 작은 음수이면 0에 가깝게 분류한다. z가 0이면 0.5에 대응시킨다. 이렇게 계산된 시그모이드 함수의 결과와 학습 데이터의 정답을 비교한 후, 정답에 가까워지도록 W_1, W_2, b를 조정한다. 이때 시그모이드 함수 결과와 정답을 비교하는 방법은 2장에서 소개한 교차 엔트로피를 이용하고, 새로운 W_1, W_2, b를 계산하는 것은 경사하강법을 이용한다. 이렇게 학습된 모델은 입력 이메일에 대해서 스팸 확률을 예측할 수 있다.

회귀 알고리즘은 입력 데이터로부터 연속적인 수치값을 예측한다. 회귀 알고리즘은 영화 리뷰로부터 별점을 예측하는 데에 사용될 수 있다. 예를 들어 "이 영화는 정말 재미있다"로부터 별점 4.5점을 예측하거나 "지루하고 최악이었다"로부터 별점 1.0점을 예측한다. 회귀 알고리즘은 분류 알고리즘과 유사하지만 시그모이드 함수를 생략한 형태라고 보면 된다. 즉, 선형식의 결과를 그대로 사용하고 특정한 출력 변환 함수를 사용하지 않는다.

순차 예측 알고리즘은 연속적인 데이터를 입력으로 받아 미래 값을 예측하거나 특정 패턴을 인식하는 학습 알고리즘이다. 즉, 이전 데이터의 흐름을 분석해 다음에 나올 데이터를 예측한다. 주가 변동을 분석해 다음 날 주가를 예측하거나, 음성 인식에서 다음 발음을 예측할 수 있다. 또한 텍스트 처리에서 다음 단어를 예측할 수 있다. 예를 들어, 트라이그램 모델을 사용해 "나는 축구를 ___"에서 다음 단어를 예측한다고 해보자. 이전 단어 두 개 x_1, x_2를 보고 다음 단어 y를 예측한다. 선형식 $z = W_1x_1 + W_2x_2 + b$를 이전과 같이 설정한다. 그다음, 분류 알고리즘에서는 시그모이드 함수를 사용했지만 여기서는 소프트맥스 함수(softmax function)를 사용한다. 소프트맥스는 모든 가능한 다음 단어의 확률을 계산해 총합이 1이 되도록 조정하는 함수이다. 즉, 확률 분포를 생성한다.

$$P(y_i \mid x_1, x_2) = \frac{e^{z_i}}{\sum_j e^{z_j}}$$

이렇게 계산된 y_i 중에서 가장 높은 확률을 가진 단어를 다음 단어 y로 선택한다. 그다음은 마찬가지로, 선택된 단어 y의 확률과 학습 데이터의 값을 비교하기 위해 손실함수로 교차 엔트로피를 사용하고, 경사하강법을 통해 가중치 W_1, W_2와 편향 b를 반복해서 조정한다.

기계학습 적용

앞서 설명한 분류 알고리즘, 회귀 알고리즘, 순차 예측 알고리즘은 모두 지도 학습에 속하는 학습 알고리즘이다. 지도 학습은 학습 데이터에 정답이 존재하는 방식이다. 즉, 입력 데이터와 그에 대응하는 정답을 보고 학습한 후, 새로운 입력이 주어졌을 때 올바른 정답을 예측하려고 한다. 앞서 스팸 이메일 분류에서 학습 데이터는 스팸이나 정상이라고 정답이 붙은 이메일 집합이다. 영화 리뷰에서 별점을 예측하는 감정 분석도 마찬가지다. 지도학습은 강력하지만, 충분한 정답 데이터가 필요하다는 문제가 있다. 예를 들어 스팸 메일 분류기를 학습하려면 수십만 개의 이메일이 필요할 수 있다. 이 모든 데이터에 우리가 일일이 정답을 붙이는 일은 매우 번거로운 일이다. 여기에서 등장하는 방법이 바로 비지도학습이다.

비지도 학습은 정답 없이 데이터의 패턴을 찾는 방식이다. 사람의 개입 없이도 문서의 주제를 자동으로 분류하거나, 비슷한 의미를 가진 문장을 같은 그룹으로 묶는 데 유용하게 활용된다. 예를 들어 토픽 모델링은 문서에서 주제를 자동으로 발견하는 기법이다. 만약 뉴스 기사를 비지도학습 모델에 입력하면, 모델은 이 기사가 정치

관련 뉴스인지 스포츠 뉴스인지 그룹을 나눌 수 있다. 모델이 기사 속 단어의 출현 빈도를 분석해 특정한 단어 조합이 반복되는 패턴을 찾아낸다. 또한 문서 군집화도 대표적인 비지도 학습의 사례다. 이는 여러 개의 문서를 비슷한 주제로 분류해 자동으로 묶는 기술이다. 예를 들어 논문 데이터베이스에서 연구 논문을 자동으로 의학, 물리학, 컴퓨터 과학 등으로 분류하는 것이 이에 해당한다.

비지도학습은 정답 없이도 학습할 수 있어 강력하지만, 모델이 정확한 의미를 파악하지 못할 수도 있다. 예를 들어, "바둑"과 "체스"가 같은 주제로 묶일 수도 있지만, "체스"와 "유럽 정치"가 같은 그룹으로 분류될 수도 있다. 토픽 모델링 같은 비지도학습은 단어의 의미를 이해하지 않고 단순히 통계적 패턴을 기반으로 분류하기 때문이다. 예를 들어 체스에 대한 뉴스 기사와 유럽 정치에 대한 뉴스 기사에서 "전략", "전술", "승리", "지도자" 등의 단어가 공통적으로 등장한다면, 모델은 체스와 유럽 정치를 같은 주제로 잘못 판단할 수 있다. 따라서 더 정교한 학습이 필요할 때는 강화학습이 사용된다.

강화학습은 사람이 학습하는 방식과 가장 유사한 기계학습 기법이다. 기계는 정답을 미리 알지 못한 상태에서 환경과 상호작용하며 시행착오를 통해 최적의 행동을 학습한다. 이는 게임을 플레이하며 점수를 최대화하려는 과정과 비슷하다. 자연어 처리에서 강화학습이 특히 유용하게 사용되는 분야는 대화형 챗봇과 기계 번역 최적화다. 대화형 챗봇은 사용자와 상호작용하며 학습할 수 있어야 한다. 예를 들어 "오늘 날씨가 어때?"라는 질문에 챗봇이 "잘 모르겠어요"라고 답한다면, 사용자는 만족하지 않을 것이다. 반면 "현재 서울의 기온은 20도다"라고 대답하면, 챗봇은 사용자로부터 긍정적인 피드백을 받을 수 있다. 강화학습은 챗봇이 적절한 답변을 선택하면 보상을 부여하는 방식으로 모델을 학습시킨다.

지도 학습은 명확한 정답이 존재하는 문제에 효과적으로 활용될 수 있지만, 충분한 양의 정답 데이터를 확보해야 한다는 부담이 있다. 비지도 학습은 데이터에서 숨겨진 패턴과 구조를 자동으로 발견할 수 있지만, 결과로 얻은 패턴이 사람이 기대한 의미와 일치하지 않을 수 있다. 강화 학습은 시행착오를 거쳐 최적의 행동을 학습하지만, 초기 단계에서는 비효율적이거나 잘못된 행동을 반복할 가능성이 있다. 따라서 이 세 가지 학습 방법은 서로 다른 특성과 목적을 가지며, 자연어 처리 분야에서는 문제의 성격과 요구 사항에 따라 적절한 학습 방식을 선택하거나 조합해 사용한다.

참고문헌

Bishop, C.(2006). *Pattern Recognition and Machine Learning*, Springer.

Charniak, E.(1993). *Statistical Language Learning*, MIT press.

Manning, C. & Schütze, H.(1999). *Foundations of Statistical Natural Language Processing*, MIT press.

Murphy, K.(2012). *Machine Learning: A Probabilistic Perspective*, MIT press.

05
신경망과 자연어 처리

전기와 통신, 컴퓨터가 인간 삶을 획기적으로 변화시켰다. 다시 새로운 차원의 변화는 인공지능으로부터 시작될 것이다. 그 중심에 딥러닝이 있다. 딥러닝은 전통적인 프로그래밍으로 풀기 어려운 문제를 해결한다. 자연어 처리는 딥러닝의 혜택을 가장 많이 본 분야 중 하나다. 기존 접근법의 한계를 극복하며 혁신을 이루었다.

AI와 아이돌?

퍼셉트론 원리

오늘날 자연어 처리는 대부분 딥러닝을 기반으로 한다. 딥러닝은 심층 신경망을 이용하는 기계학습 방법을 말한다. 신경망은 특징 기반 기계학습과 달리 특징 설계를 따로 하지 않고 데이터를 학습한다. 신경망은 통계적 방법이나 특징 기반 기계학습 이후에 나온 기술이 아니다. 이 세 가지 방법론은 1950~1960년대부터 서로 앞서거니 뒤서거니 하면서 발전해 왔다. 1958년에 로젠블랫이 퍼셉트론(perceptron)을 제안했다. 명시적인 알고리즘이나 규칙 없이 데이터 학습으로 분류 규칙을 만들어 내는 최초의 인공 신경망 모델이다. 심층 신경망으로 가기 전에 신경망의 초기 형태로부터 학습 원리를 생각해 보자.

퍼셉트론은 단층 신경망이다. 학습 데이터를 가지고 훈련한 후 입력을 두 개의 클래스로 분류하는 이진 분류를 수행한다. 학습 데이터 (x, y) 는 분류 대상 x에 정답 y를 붙여 놓은 것이다. 입력 x에 대해서 퍼셉트론이 예측한 결과 $\hat{y}$가 정답 y와 같다면 올바른 예측을 한 것이다. 퍼셉트론이 예측 결과 $\hat{y}$를 만드는 과정은 다음과 같은 선형 방정식에서 시작한다.

$$z = wx + b$$

여기서 x는 입력값, w는 가중치, b는 편향이다. 이 선형 함수의 결과를 활성화 함수에 적용해 출력을 결정한다. 활성화 함수란 이름은 생물학적 뉴런이 특정 전압 이상이 전달되면 발화하는 현상을 모방하여 붙인 것이다. 인공 뉴런에서는 입력값이 특정 조건을 만족하면 출력을 내보내도록 활성화 함수가 스위치 역할을 한다.

이진 분류를 위한 퍼셉트론에서 사용한 활성화 함수는 계단 함수다. 계단 함수는 다음과 같이 입력 값이 특정 임계값을 넘으면 출력을 1로, 넘지 않으면 0으로 설정하는 스위치 역할을 하는 함수다.

$$\hat{y} = \begin{cases} 1 & z > 0 \text{ 이면} \\ 0 & z \leq 0 \text{ 이면} \end{cases}$$

여기서는 z 값이 0보다 크면 클래스 1로, 0보다 작거나 같으면 클래스 0으로 분류한다. 이렇게 하면 주어진 입력 x에 선형 함수와 계단 함수를 적용해 1 또는 0으로 예측값 $\hat{y}$를 만들어 낸다.

만일 퍼셉트론의 예측이 임의의 모든 입력에 대해 100% 정확하다면 이때의 w와 b는 최적의 값을 가진 것이다. 하지만 우리는 일반적으로 이 최적 값을 모른다. 최적 값을 알고 있다면 그대로 적용해 정확한 분류기를 만들면 된다. 최적 값을 모르기 때문에 데이터로부터 학습을 통해 근사값을 알아내려고 하는 것이다.

퍼셉트론이 학습한다는 의미는 x와 y의 쌍으로 된 학습 데이터를 보고 최적의 가중치 w와 편향 b의 값을 찾아 가는 과정을 나타낸다. 학습 과정을 살펴보자. 먼저, 학습을 시작할 때 가중치 w와 편향 b는 임의의 작은 값으로 초기화한다. 모두 0으로 시작해도 된다. 이 상태에서 학습 데이터에 대해 하나씩 예측해 보고 정답과 비교한다. 일단 주어진 입력 x에 대해 z를 계산하고 활성화 함수를 적용해 예측 값 $\hat{y}$을 결정한다. 예측 결과 $\hat{y}$와 정답 y를 비교해 오차를 계산한다. 오차는 $Error = y - \hat{y}$로 계산한다. 만약 예측 값이 정답과 같으면 가중치를 변경하지 않고, 다를 경우 가중치와 편향을 수정한다. 수정 방법은 다음과 같다.

$$w = w + \eta(y - \hat{y})x$$
$$b = b + \eta(y - \hat{y})$$

여기서 학습률 η는 일반적으로 0.01~0.1 사이의 작은 값으로 설정된다. 학습률이 너무 크면 학습 속도가 빠르지만 최적 해를 찾지 못할 수 있고, 너무 작으면 학습이 느려진다. 이 과정을 여러 번 반복해 가중치 w와 편향 b를 수정한다. 모든 데이터가 올바르게 분류되거나 또는 일정한 반복 횟수를 수행한 후에 학습을 종료한다. 이렇게 하면 최적의 w와 b를 찾을 수 있거나 적어도 근사값을 찾게 된다. 이것이 퍼셉트론이 학습하는 기본 원리다.

다층 퍼셉트론과 역전파

퍼셉트론은 선형 함수와 계단 함수로 이루어진 하나의 뉴런으로 단일 레이어, 즉 하나의 층을 구성한다. 로젠블랫의 퍼셉트론은 그래서 단층 퍼셉트론이라고 불린다. 따라서 선형적으로 구분 가능한 문제만 학습할 수 있으며, XOR 문제나 비선형 함수처럼 복잡한 패턴은 학습할 수 없다. 이것이 신경망에 대한 연구를 오랫동안 침체하게 만든 이유였다.

1980년대 중반 다층 퍼셉트론과 역전파 알고리즘(backpropagation)이 등장하면서 신경망 연구의 초석이 되었다. 다층 퍼셉트론은 입력과 출력 사이에 은닉층이라고 부르는 중간층을 포함한다. 그래서 다층 퍼셉트론은 입력층, 은닉층, 출력층으로 구성된다. 단층 퍼셉트론에서는 입력을 따로 층으로 표시하지 않았기 때문에 출력층만 존재하는 형태로 표기되었다. 다층 퍼셉트론에서는 입력층을 명시적으로 하나의 층으로 표시한다. 입력을 다른 층과 일관되게 표시하고 은닉층, 출력층을 직렬로 연결하면 3층 신경망을 이룬다. 여기서 은닉층과 출력층은 각각 선형 함수와 비선형 활성화 함수의 합성으로 된 하나의 처리 단계를 구성한다. 이런 각각의 처리 단계가 인공 뉴런이다.

은닉층은 두 개 이상의 뉴런을 병렬로도 구성할 수 있다. 은닉층이 두 개의 뉴런으로 구성된다면, 모든 입력이 두 개의 은닉층 뉴런에 연결되고, 각 은닉층 뉴런의 출력은 모두 출력층 뉴런의 입력으로 연결된다. 더 나아가 은닉층 자체가 두 개 이상으로 구성되어 4층 이상의 신경망이 되는 경우를 심층 신경망이라고 한다. 현대의 심층 신경망은 은닉층을 수백 개까지 포함한다. 이런 전형적인 심층 신경망을 뒤에 나오는 다른 변형된 신경망과 구별해 순전파 신경망(Feed Forward Neural Network)이라고도 한다.

신경망의 능력은 어디까지일까? 신경망으로 모든 문제를 풀 수 있을까? 이에 대한 답이 보편 근사 정리

(universal approximation theorem)다. 보편 근사 정리에 따르면, 3층 신경망에서 은닉층에 뉴런의 개수를 병렬로 충분히 구성한다면 모든 연속적인 패턴을 원하는 정확도로 근사할 수 있다. 이미지 분류, 음성 인식, 자연어 처리 등의 분야에서 신경망이 강력한 성능을 발휘하는 근거다. 한계도 있다. 불연속인 패턴과 무한한 범위에서는 정확한 근사나 학습이 어렵다. 또한 그런 신경망을 학습하는 것은 별개 문제다. 뭐든 풀 수 있는 신경망이 존재하는 것은 알겠는데, 그 신경망을 만들기 위해서는 강력한 학습 알고리즘이 필요한 것이다.

다층 퍼셉트론은 역전파 알고리즘이 알려지기 전까지 효과적인 학습을 할 수 없었다. 역전파 알고리즘은 다층 퍼셉트론을 학습할 수 있게 해 주었을 뿐 아니라 현대의 심층 신경망 학습에도 핵심 요소가 되었다. 다층 퍼셉트론의 학습 과정을 살펴보자. 예를 들어 사람의 몸무게와 키를 기준으로 비만인지 정상인지를 분류하는 예측 모델을 만든다고 하자. 데이터는 표 5-1과 같은 형식으로 주어진다.

이 문제는 입력 변수 두 개(키와 몸무게)가 주어졌을 때 비만 여부를 결정할 수 있는 선형 관계 또는 비선형 관계를 찾아내는 것이다. 먼저 신경망을 설계한다. 입

표 5-1. 비만 분류 데이터

키(cm)	몸무게(Kg)	클래스(비만: 1, 정상: 0)
170	75	0
165	68	0
174	90	1
170	86	1

력층에 뉴런 2개, 은닉층에 뉴런 1개, 출력층에 뉴런 1개로 이루어진 3층 신경망을 구성한다. 입력층은 두 개의 뉴런이 두 개의 입력, x_1(키) 와 x_2(몸무게)를 각각 표시한다. 이 두 개의 입력이 은닉층에 전달되는데 은닉층은 아래와 같은 선형 함수와 활성화 함수의 합성으로 이루어진다.

$$z_{\text{은닉}} = W_1 \cdot x_1 + W_2 \cdot x_2 + b_1$$

$$h = f(z_{\text{은닉}}) = \frac{1}{1 + e^{-z_{\text{은닉}}}}$$

여기서 h가 은닉층의 결과다. 은닉층의 활성화 함수 f는 시그모이드 함수를 적용했다. 은닉층의 결과 h를 출력층에 전달한다. 출력층은 h에 선형 함수를 적용하고 다시 활성화 함수를 적용해서 결과를 계산한다.

$$z_{\text{출력}} = W_3 \cdot h + b_2$$

$$\hat{y} = g(z_{출력}) = \frac{1}{1 + e^{-z_{출력}}}$$

출력층의 결과 $\hat{y}$가 모델의 예측 값이다. 출력층의 활성화 함수 g가 시그모이드 함수이기 때문에 $\hat{y}$는 0 과 1 사이의 실수값이다. 0.5보다 크면 비만으로 분류하고 0.5 이하이면 정상으로 분류한다.

학습 과정은 W_1, W_2, b_1과 W_3, b_2를 찾아내는 과정이다. 이 다층 퍼셉트론은 두 개의 단계, 즉 은닉층과 출력층의 계산이 합성된 형태다. 출력층 결과 $\hat{y}$에 영향을 주는 것은 W_3와 b_2이고 은닉층 결과 h에 영향을 주는 것은 W_1, W_2, b_1이다. 단계별로 해 보면, 모델의 예측값 $\hat{y}$와 정답 y 사이의 차이를 가지고 손실 함수(교차 엔트로피)를 계산한다. 여기서 역전파를 통해 손실 함수의 기울기를 전달한다. 역전파는 이 손실함수의 미분값을 출력층부터 은닉층으로 역방향으로 전파하면서 각 층의 가중치와 편향을 업데이트한다.

출력층에서는 오차 기울기를 다음과 같이 계산한다.

$$\delta_{출력} = (\hat{y} - y) \cdot g'(z_{출력})$$

여기서 $g'(z_{출력})$는 시그모이드 함수 g의 미분값이다. 그다음, 아래와 같이 은닉층으로 오차를 전파하고 은닉층의 오차 기울기를 계산한다.

$$\delta_{은닉} = \delta_{출력} \cdot W_3 \cdot f'(z_{은닉})$$

여기서 $f'(z_{은닉})$는 은닉층 활성화 함수 f의 미분값이다. 이렇게 계산하는 이유는 앞서 2장에서 본 연쇄 법칙 때문이다. 즉, 은닉층의 변화와 출력층의 변화가 연결되므로 전체 변화는 각 층을 따라 연결된 변화의 곱으로 계산된다.

이제 각 층의 가중치와 편향을 업데이트한다. 학습률을 η라고 정했다면 출력층의 가중치와 편향은 다음과 같이 수정한다.

$$W_3 = W_3 - \eta \cdot \delta_{출력} \cdot h$$
$$b_2 = b_2 - \eta \cdot \delta_{출력}$$

그다음에 은닉층 가중치와 편향을 업데이트한다.

$$W_1 = W_1 - \eta \cdot \delta_{은닉} \cdot x_1$$
$$W_2 = W_2 - \eta \cdot \delta_{은닉} \cdot x_2$$
$$b_1 = b_1 - \eta \cdot \delta_{은닉}$$

이러한 업데이트 과정을 모든 학습 데이터를 대상으로 반복하면, 가중치와 편향이 최적화되어 모델의 예측 오차가 점차 줄어든다. 이것이 앞서 배운 경사하강법을 출력층에서 은닉층으로 단계적으로 적용하는 역전파 알고리즘이다.

심층 신경망

앞서 설명한 다층 퍼셉트론의 학습 원리는 더 많은 뉴런과 더 많은 층으로 구성된 모든 심층 신경망에 동일하게 적용된다. 이를 바탕으로 다양한 심층 신경망 모델이 개발되었고 자연어 처리를 비롯한 많은 응용에서 서로 다른 장점을 내세우며 발전했다.

다층 퍼셉트론을 자연어 처리에 적용하려면 고정된 길이의 벡터를 입력으로 받아 벡터 요소마다 입력층 뉴런에 대응시켜서 처리하는 구조가 된다. 이러한 방식은 이미지나 표 형식 데이터에는 효과적이지만, 자연어, 음성, 시계열 등 시간에 따라 변화하는 순차 데이터를 처리하기엔 한계가 있다. 예를 들어, "나는 오늘 아침에 커피를 마셨다"라는 문장을 감성 분석하려면 단어들의 순서와 문맥을 이해해야 한다. 하지만 다층 퍼셉트론은 모든 단어를 개별적으로 처리하고 그 결과가 서로 영향을 주지 않는다. 이런 구조는 순서 정보나 문맥을 학습하기 어렵다. 즉, "나는"과 "마셨다"의 관계를 반영할 수 없다. 이러한 문제를 해결하는 것이 순환 신경망이다. 순환 신경망은 문장의 각 단어를 차례로 입력받아 이전 단어의 계산 결과를 다음 단어 계산에 반영한다. 이런 방식으로 문장의 흐름과 문맥을 이해하고, 자연어 처리, 음성 인식, 금융 예측 등 다양한 분야에서 활용된다. 하지만 문장이 길어지면 앞쪽 단어와 뒤쪽 단어 사이의 관계를 학습하기 어려워지는 한계를 가진다. 이를 장거리 의존성 문제라고 한다.

더 나아가 기계 번역, 문서 요약, 질문-응답 시스템이 가능하려면 서로 다른 길이의 입력과 출력을 처리할 수 있어야 한다. 예를 들어, 영어 문장 "I love you"를 한국어 "사랑해"로 번역할 때, 두 문장은 단어 개수가 다르다. 순환 신경망은 입력과 출력이 일대일로 대응되는 구조라서 이런 경우를 처리하기 어렵다. 이를 개선하기 위해 등장한 시퀀스 투 시퀀스(Seq2Seq) 모델은 순환 신경망을 기반으로 한 새로운 아키텍처다. 인코더-디코더(encoder-decoder) 구조를 도입해 입력과 출력의 길이가 달라도 처리할 수 있다. 시퀀스 투 시퀀스 모델은 두 개의 순환 신경망으로 구성된다. 하나는 전체 입력 문장을 하나의 벡터로 압축하는 인코더 역할을 하고, 다른 하나는 그 문장 벡터로부터 새로운 문장을 생성하는 디코더 역할을 한다. 현재 인코더-디코더 구조는 자연어 처리에서 중요한 요소다.

또 하나 중요한 심층 신경망으로는 합성곱 신경망(Convolutional Neural Network)이 있다. 원래 이미지 처리에서 발전한 모델인데 데이터의 지역적 패턴을 효과적으로 학습할 수 있는 아키텍처다. 하지만 합성곱 신경망도 자연어 처리에서 매우 효과적으로 활용된다. 순환 신경망 기반 모델은 문장을 단어 순서대로 한 번에 하나씩 처리해야 하므로, 연산 속도가 느리고 병렬 처리가 어렵다는 단점이 있다. 특히 긴 문장을 학습할 때 역전파 과정에서 앞쪽의 기울기가 점점 작아져서 가중치 업데이트가 잘 안 되는 문제가 있다. 이를 기울기 소실 문제라고 한다. 합성곱 신경망은 병렬 연산으로 속도가 빠르고 데이터의 특정 부분만을 학습해 지역적 특징을 추출할 수 있다. 특히 활성화 함수로 ReLU(Rectified Linear

Unit) 함수를 사용해 기울기 소실 문제를 완화한다. ReLU는 음수를 0으로 변환하고, 양수는 그대로 유지해 기울기가 0이 되지 않도록 한다. ReLU 함수는 시그모이드 함수 등을 대신해 심층 신경망의 표준 활성화 함수로 사용되고 있다.

다양하게 개발된 심층 신경망 모델은 서로 단점을 보완하는 새로운 시도가 구현된 것이다. 이들 특징의 조합이 현대적인 자연어 처리 모델의 기반이 된다.

참고문헌

Bishop, C. & Bishop, H.(2024). *Deep Learning: Foundations and Concepts*, Springer.

LeCun, Y., et al.(2015). Deep Learning. *Nature, 521*(7553), 436–444.

Rosenblatt, F.(1958). The Perceptron: A Probabilistic Model for Information Storage and Organization in the Brain. *Psychological Review, 65*(6), 386–408.

Rumelhart, D. E., et al.(1986). Learning representations by back–propagating errors. *Nature, 323*(6088), 533–536.

06
트랜스포머와 현대 언어 모델

2017년 트랜스포머 모델이 발표되고 2022년 챗GPT가 대중에 공개되면서 인간과 기계의 자연스러운 대화가 가능해졌다. 인공지능이 연구실에서 세상 밖으로 나와, 본격적인 인공지능 시대를 열었다고 평가된다. 그로부터 폭발적인 속도로 후속 모델들이 개발되었고, 수리 능력이나 추론 능력을 탑재한 모델도 등장했다. 게다가 인공지능과 화면을 공유하면서 음성으로 대화하는 시스템도 경험할 수 있다.

AI와 야구?

어텐션 메커니즘

순환 신경망은 순차 데이터 처리가 가능해 텍스트 생성, 기계 번역, 음성 인식 등 자연어 처리 응용에서 매우 유용하다. 하지만 순차 처리 구조는 병렬 연산이 불가능해서 학습 속도가 느리고 대규모 데이터 처리에 비효율적이다. 게다가 기울기 소실 문제와 장거리 의존성 문제를 해결하기에는 LSTM, 시퀀스 투 시퀀스와 같은 순차 신경망의 변형 모델로도 한계가 있다. 이러한 한계를 극복하기 위해 도입된 것이 어텐션 메커니즘(attention mechanism)이다. 어텐션은 문장을 순차적으로 처리하지 않고, 입력 문장에서 중요한 단어를 그때그때 동적으로 선택해 가중치를 부여하는 학습 방식이다. 멀리 떨어진 단어 간의 문법적 의미적 관계를 학습할 수 있다. 시퀀스 투 시퀀스 모델에 어텐션 메커니즘을 추가했더니 장거리 의존성 문제가 해결되고 뛰어난 번역 성능을 나타냈다.

시퀀스 투 시퀀스 모델에 어텐션 메커니즘을 적용하는 방식은 기존 인코더-디코더 구조에 어텐션 가중치를 고려하도록 추가한 것이다. 인코더에서 입력 문장을 순차적으로 처리해서 각 단어의 문맥 벡터를 생성하고 모두 보관한다. 출력 문장을 생성하는 디코더는 단어 하나가 새로 생성될 때마다 현재 상태와 인코더의 문맥 벡터를 비교해 유사도를 계산한다. 각 단어에 대한 그 유사도를 소프트맥스 함수를 통해 확률 분포로 변환한 값을 어텐션 가중치라고 한다. 이제 모든 단어에 대해 문맥 벡터와 어텐션 가중치를 곱하고 합해서 새로운 문맥 벡터를 생성한다. 디코더는 이 새로운 문맥 벡터를 기준으로 다음 단어를 생성한다. 이런 식으로 디코더는 단어 하나를 생성할 때마다 다음 단어의 어텐션 가중치를 새로 계산하고 새로운 문맥 벡터를 만든다. 이런 어텐션 메커니즘을 뒤에 나오는 셀프 어텐션과 구분하기 위해 인코더-디코더 어텐션이라고 부른다.

트랜스포머 모델

이제 현대적인 대규모 언어 모델을 가능하게 한 트랜스포머 모델을 살펴보자. 트랜스포머 모델은 기존 순환 신경망 모델을 대체하는 새로운 구조다. 트랜스포머 모델은 혁명적인 발전으로 인정받으며, 딥러닝 모델의 성능을 획기적으로 향상시켰고 대규모 언어 모델을 탄생시켰다. 하지만 요소 기술들은 5장에서 언급한 기술들과 어텐션 메커니즘을 발전시킨 것이다. 학계에서는 기존 기술의 창의적인 조합과 최적화된 설계를 성공의 요인으로 평가하고 있다.

트랜스포머의 주요 특징은 병렬 처리, 셀프 어텐션(self attention), 위치 인코딩이다. 단어 벡터를 처리할 때 행렬 연산을 병렬로 처리함으로써 입력 단어를 동시에 처리할 수 있다. 수천 개의 코어를 이용해 병렬로 부동소수점 연산을 수행하는 GPU가 대규모 언어 모델에서 중요한 역할을 하는 이유다. 셀프 어텐션은 입력 문장과 출력 문장의 관계를 계산하는 인코더-디코더 어텐션과 달리 동일한 문장 내에서 단어 간의 관계를 계산한다. 이것은 긴 문장의 맨 앞 단어와 맨 뒤 단어 간의 관계도 별도로 계산하기 때문에 장거리 의존성 문제를 완전히 해결한다. 위치 인코딩은 트랜스포머가 순차 신경망 구조를 포기하면서, 단어 간의 순서 특성과 구문적 특성을 반영하기 위해서 도입한 것이다. 입력 문장이 주어지면 단어 임베딩으로 생성된 벡터 표현에 단어 간의 위치 정보를 추가한다.

트랜스포머의 구조는 크게 보면 인코더-디코더 구조이지만 시퀀스 투 시퀀스 모델과 달리 순환 구조를 제거했다. 입력 문장은 단어 임베딩과 위치 인코딩으로 구성된 전처리 단계를 거쳐 단어 벡터로 변환된다. 인코더는 이를 바탕으로 문맥 벡터 집합을 생성하고, 디코더는 필요할 때마다 이를 참조해 출력을 생성해 간다. 인코더와 디코더는 각각 심층 신경망이다. 보통 6층에서 시작해서 필요에 따라 100층 이상까지 구성할 수 있다.

인코더의 각 층은 두 개의 주요 모듈을 포함한다. 하나는 셀프 어텐션 모듈이고 다른 하나는 순전파 네트워크 모듈이다. 셀프 어텐션 모듈은 입력된 문장에서 각 단어와 다른 단어 사이의 유사도를 계산한 후, 그 유사도에 따라 각 단어의 벡터 표현에 어텐션 가중치를 부여한다. 이때 셀프 어텐션은 멀티 헤드 어텐션으로 구현된다. 멀티 헤드 어텐션은 여러 개의 어텐션 헤드가 동시에 병렬로 동작한다. 각 어텐션 헤드는 서로 다른 종류의 관계나 패턴을 학습해서 구문, 의미, 문맥을 반영한다.

한편 순전파 네트워크 모듈은 전형적인 심층 신경망이다. 각 단어의 문맥화된 표현에 대해 비선형 변환을 통해 더욱 풍부한 특징을 추출한다. 이 모듈은 각 단어에 대해 독립적으로 동일한 계산을 수행하며, 여러 층에 걸쳐 정보를 정제하고 강화하는 역할을 한다. 결과적으로 트랜스포머 인코더는 다층 구조를 통해 입력 문장의 각 단어에 대한 문맥 정보를 점진적으로 풍부하게 만들고, 이를 후속 디코더나 다른 작업에서 효과적으로 활용할 수 있도록 한다.

디코더의 각 층은 세 개의 주요 모듈로 이루어져 있다. 첫째는 마스크드 멀티-헤드 셀프 어텐션 모듈(masked multi-head self attention)이다. 이 모듈은 디코더가 출력 문장을 생성할 때, 이미 생성된 단어들 간의 관계를 동적으로 반영한다. 중요한 점은, 미래에 생성될 단어는 참조하지 못하도록 마스킹 처리하는 것이다. 이를 통해 디코더는 자연스러운 순서를 유지하면서 문장을 생성할 수 있다.

둘째 모듈은 인코더-디코더 어텐션 모듈로 시퀀스 투 시퀀스 모델에 적용된 어텐션과 유사하다. 디코더의 현재 상태를 기반으로 인코더에서 전달된 각 단어의 문맥화된 표현과의 유사도를 계산한다. 이 과정을 통해 디코더는 입력 문장에서 출력 단어와 관련성이 높은 정보를 동적으로 선택해 더 정확한 문맥 벡터를 구성한다.

셋째 모듈은 순전파 네트워크 모듈이다. 이 모듈도 심층 신경망으로 마스크드 셀프 어텐션과 인코더-디코더 어텐션을 통해 얻은 각 단어의 문맥화된 표현을 비선형 변환해 더욱 풍부한 특징을 추출한다. 각 단어에 대해 독립적으로 동일한 계산이 병렬로 수행되며, 여러 층을 거치면서 정보가 점진적으로 정제되고 강화된다. 이런 식으로 각 층의 디코더를 통과하고 마지막 출력층에서 문맥 벡터를 얻을 수 있다. 이제 각 단계마다 이미 생성된 단어와 인코더 출력을 참고해서 다음 단어 확률을 계산한다. 디코더는 이 과정을 반복하며 출력을 생성한다.

대규모 언어 모델

트랜스포머 모델은 처음엔 기계 번역에 적용되었지만, 언어 모델링에 효과적으로 응용할 수 있다는 것이 증명되었다. 트랜스포머를 기반으로 한 대규모 언어 모델로 처음 등장한 것은 GPT-1이다. GPT-1은 비교적 소규모 모델이었지만 이후 신경망 층의 수, 총 파라미터 수 등이 크게 늘어나면서 모델의 표현력과 성능이 크게 향상되었다. 대규모 언어 모델의 규모를 대표하는 요소는 파라미터 개수다. 이때 파라미터란 앞에서 학습을 설명할 때 나온 가중치와 편향을 의미한다. GPT-3의 경우, 96층의 신경망과 1750억 개의 파라미터 규모로 알려졌다. GPT-4 등 후속 모델은 훨씬 더 큰 규모로 추정되고 있다.

GPT의 구조는 디코더 전용 트랜스포머 아키텍처라고 한다. 트랜스포머 모델의 인코더 역할을 디코더가 모두 한다고 보면 된다. 프롬프트(prompt)라고 부르는 입력 텍스트를 임베딩 벡터로 변환한 후 위치 인코딩을 통해 단어의 순서 정보를 추가한다. 이것을 디코더에 전달한다. 디코더는 수십 층으로 된 디코더 블록으로 이루어진다. 각 디코더 블록은 마스크드 셀프 어텐션 모듈과 순전파 네크워크로 구성된다. 마스크드 셀프 어텐션 모듈은 현재까지 생성된 단어 간의 관계를 파악한다. 이때 각 단어가 이후에 생성될 단어의 정보를 보지 못하게 제한한 상태에서 다음 토큰을 예측하게 한다.

순전파 네트워크는 각 단어마다 셀프 어텐션 결과를 비선형 변환을 통해 더 정교한 내부 표현으로 변환한다. 마지막 층은 각 단어의 문맥 벡터를 기준으로 모든 가능한 어휘에 대한 확률 분포를 소프트맥스 함수로 계산한다. 이 확률 분포로부터 가장 높은 확률의 단어를 선택해 출력한다. 이 단어는 그 다음 단어 예측에도 입력으로 사용되고 이 과정이 반복되면서 문장을 완성한다.

이렇게 모델이 생성한 단어를 다시 입력으로 넣고, 이를 기반으로 다음 단어를 예측하는 자기 피드백 구조를 가지기 때문에 자기 회귀 방식(autoregressive model)이라고 한다. 자기 회귀 모델은 문맥을 깊이 반영해 자연스러운 텍스트 생성에 뛰어나다. 대화형 챗봇, 창작 텍스트 생성, 코드 생성 등에 사용된다.

또 다른 유명한 언어 모델인 BERT는 GPT와 달리 인코더 전용 트랜스포머 아키텍처다. BERT는 비자기 회귀 방식이라고 한다. 문맥을 양쪽에서 참조할 수 있어서 순차적인 GPT보다 빠르고 텍스트 이해에도 강하다. BERT는 주어진 문장을 정확하게 이해하고 분석하는 데에 뛰어나지만 자연스러운 텍스트 생성은 GPT에 미치지 못한다. 두 방식은 각각 장단점이 있기 때문에 서로 잘하는 분야가 다르다. 이에 이 둘의 장점을 결합하려는 하이브리드 방식도 연구되고 있다.

오늘날 대규모 언어 모델은 자연스러운 언어 처리 능력을 가지게 되었다. 이것이 트랜스포머 모델 기반의 구조 때문만은 아니다. 언어 모델의 성능을 좌우하는 학습 과정은 더욱 중요한 역할을 한다. 학습 과정은 사전 학습, 미세 조정, 강화 학습의 3단계로 이루어진다.

사전 학습은 모델이 일반적인 언어 패턴과 문법을 익히도록 한다. 웹 문서, 책, 위키피디아 등 매우 대규모의 텍스트 데이터를 사용해 모델을 학습한다. 자기 지도 학습 방식을 사용해 주어진 문장에서 다음 단어를 예측하는 방식으로 학습한다. 자기 지도 학습이란 학습 데이터의 문장을 일부 가린 상태에서 예측 결과와 가린 부분을 비교하면서 학습해 가는 방식이다. 이 단계에서는 문장의 구조, 문법, 일반적인 상식 등을 학습하지만, 질의 응답이나 대화 등 특정한 업무에 최적화하지 않는다.

특정한 작업에 최적화하는 과정은 미세 조정에서 이루어진다. 미세 조정은 법률, 의료, 금융 등 특정 분야별 데이터를 사용해 학습한다. 지도 학습 방식으로 진행되는 경우가 많고 일반적인 언어 능력뿐 아니라 대화형 AI, 코딩, 수학 등 특정 작업에 더 정밀한 응답을 하도록 모델을 조정한다.

마지막으로 강화 학습은 RLHF(Reinforcement Learning from Human Feedback; 인간 피드백을 이용한 강화 학습)를 통해 더 자연스럽고 인간 친화적인 응답이 되도록 최적화한다. 모델이 생성한 응답을 사람이 평가해 더 나은 답변을 유도한다. 이를 통해 모델이 보다 윤리적이고 자연스러우면서도 유용한 답변을 생성하도록 조정한다.

프롬프트 엔지니어링

프롬프트는 챗GPT와 같은 대규모 언어 모델에 사용자가 넣어 주는 자연어로 된 입력이다. 프롬프트는 언어 모델로부터 출력을 얻기 위해서 자연어를 사용해 질의하거나 명령한다. 필요하면 질의의 맥락이나 지식을 설명하거나 원하는 출력의 형식과 특성을 제시할 수 있다. 프롬프트에 어떤 입력을 넣느냐에 따라서 몇 단어만으로도 출력의 품질을 크게 좌우할 수 있다.

그러다 보니 더 좋은 결과를 얻기 위해 프롬프트를 작성하는 방법을 따로 연구하기도 하는데, 이를 프롬프트 엔지니어링이라고 한다. 프롬프트 엔지니어링은 언어 모델의 학습 데이터와 작동 원리 때문에 프롬프트를 잘 설계할수록 모델 성능을 최적화할 수 있다는 것을 전제한다. 모델의 내부와 프롬프트의 관계를 명확하게 설명하는 것은 어렵지만 프롬프트 엔지니어링이 가능한 이유를 몇 가지 소개한다.

첫째, 언어 모델의 학습 방식과 프롬프트의 상호작용이 프롬프트 엔지니어링의 핵심 요소다. 언어 모델은 대규모 텍스트 데이터로 학습하기 때문에, 프롬프트가 학습한 패턴과 일치할 가능성이 높다면 더 정확한 출력을 생성할 가능성도 높아진다. 또한 앞에서 설명한 대로 언어 모델은 주어진 텍스트로부터 어텐션 메커니즘을 통해 각 단어 간의 상호작용을 계산한다. 구체적이고 명확한 프롬프트는 모델이 각 단어의 의미와 맥락을 더 잘 이해하도록 돕는다.

둘째, 문맥 창의 활용은 중요하다. 언어 모델은 입력 텍스트의 정해진 길이 내에서만 문맥을 이해하고 처리

한다. 잘 설계된 프롬프트는 문맥 창을 효율적으로 사용해 불필요한 정보를 배제하고, 필요한 정보만을 포함함으로써 모델의 집중도를 높인다.

마지막으로 프롬프트는 연쇄 사고를 유도해 논리적 사고 과정을 모델이 따르도록 할 수 있다. 복잡한 문제를 해결할 때, 프롬프트에 사고 과정을 단계별로 제시하면 모델이 중간 단계를 명시적으로 출력함으로써 더 정확하고 신뢰할 수 있는 결과를 제공한다. 예를 들어, "물이 얼음으로 변하는 과정을 설명하고, 왜 얼음이 물보다 가벼운지 단계별로 설명하세요"와 같이 모델이 각 단계를 논리적으로 따라가도록 유도할 수 있다.

결론적으로, 프롬프트 엔지니어링은 언어 모델의 학습 방식, 어텐션 메커니즘, 인코딩-디코딩 과정, 사전 학습 결과 등이 잘 반영되도록 하여 모델 성능을 극대화한다. 잘 설계된 프롬프트는 모델이 적합한 맥락과 패턴을 활성화하도록 돕고, 출력의 품질을 크게 향상시킨다. 이러한 이유로 프롬프트 엔지니어링은 언어 모델을 실질적으로 활용하는 데 필수적인 도구로 자리 잡고 있다.

참고문헌

Bahdanau, D., et al.(2014). Neural Machine Translation by

Jointly Learning to Align and Translate. arXiv preprint arXiv:1409.0473.

Devlin, J. et al.(2019). BERT: Pre-training of Deep Bidirectional Transformers for Language Understanding. *Proceedings of the 2019 Conference of the North American Chapter of the Association for Computational Linguistics*, 4171–4186.

Dong, L., et al.(2019). Unified Language Model Pre-training for Natural Language Understanding and Generation. arXiv preprint arXiv:1905.03197.

OpenAI(2022). Introducing ChatGPT.

Radford, A., et al.(2018). Improving Language Understanding by Generative Pre-Training. OpenAI.

Sutskever, I. et al.(2014). Sequence to Sequence Learning with Neural Networks. *Advances in Neural Information Processing Systems*, 27, 3104–3112.

Vaswani, A.(2017). Attention Is All You Need. *Advances in Neural Information Processing Systems*, 30, 5998–6008.

07
자연어 처리와 언어학

언어학은 일찍이 고대로부터 언어의 구조와 사용, 의미 등을 연구했다. 다양한 관점의 이론이 제시되었지만, 언어 현상을 모두 확인할 수 없기에 일부만 검증되었다.
대규모 언어 모델의 등장으로 언어 현상을 객관적으로 확인하고 이론을 검증할 방법이 구현되고 있다. 한편, 반대로 언어학 이론은 언어 모델을 평가하는 기준이 되고 있다.

AI와 윤동주?

언어학과 자연어 처리

언어학은 더 이상 자연어 처리 시스템을 개발할 때 중요한 역할을 하지 않는다. 언어학자가 공들여 만든 규칙으로 기계 번역 엔진을 만드는 시대는 과거가 되어 버렸다. 1985년에 미국의 자연어 처리 연구원 프레더릭 젤리네크는 "언어학자를 한 명 해고할 때마다 음성 인식 성능이 올라갔다"며 언어학 지식이 자연어 처리 연구에 소용없다는 주장을 했다. 사실 이때는 규칙 기반 방법에서 통계적 방법으로 전환되는 시기로, 젤리네크의 주장은 데이터 중심 기법을 강조하면서 나온 얘기다. 하지만 최근 대규모 언어 모델이 획기적인 성공을 거두면서 언어학과 언어 모델의 관계는 더 뜨거운 논쟁거리가 되었다.

최근 현대 언어학의 선구자로 대접받는 노엄 촘스키 교수는 대규모 언어 모델이 불도저 같은 유용한 도구일지는 몰라도 언어를 학문적으로 이해하는 데에는 전혀 의미가 없다고 폄하했다. 하지만 반대편 의견도 만만치 않다. UC버클리의 인지과학자이며 언어학자인 스티븐 피안타도시는 대규모 언어 모델이 언어 학습을 정확하고 엄밀하게 설명하고 있다고 주장한다. 더 나아가 촘스키 이론이 몰락하게 되었다고 비판했다. 촘스키 이론은 언어학을 과학적 학문으로 발전시킨 중요한 계기였지만 이제는 도전을 받는 처지가 되었다.

대규모 언어 모델이 어떤 하나의 언어 이론을 구현한 것은 아니지만, 언어학과 서로 영향을 주며 발전하고 있다고 보는 중용적인 입장도 많은 지지를 받는다. 여기서는 먼저 언어학에 대해서 살펴보고 언어학의 주류 이론들이 대규모 언어 모델과 직간접적으로 어떤 관계를 맺고 있는지 얘기해 보자.

언어학의 관점

언어학은 인간 언어의 본질과 구조, 사용, 변화 그리고 보편성을 연구하는 학문이다. 언어는 의사소통을 위한 도구를 넘어 인간 사고와 문화, 사회를 반영하는 매체다. 이를 탐구하기 위해 언어학은 다양한 세부 분야와 연구 방법을 발전시켜 왔으며, 현대 사회에서는 디지털 기술과의 융합을 통해 그 응용 가능성을 확장하고 있다.

언어학은 인간 언어를 다양한 관점에서 이해하고자 여러 세부 분야로 나뉜다. 먼저, 언어의 구조를 연구하는 분야에는 음운론, 형태론, 통사론, 의미론, 화용론이 있다. 음운론은 언어의 소리 체계와 규칙적 패턴을 연구한다. 한국어에서 "국밥"이 [국빱]으로 발음되는 된소리 규칙은 음운론의 연구 대상이다. 형태론에서는 단어를 구성하는 요소인 형태소를 분석한다. 영어 단어 "unhappiness"를 "un-"(접두사), "happy"(어근), "-ness"(접미사)로 나누어 구조를 분석할 수 있다.

통사론은 문장의 구조와 구성 요소 간의 관계를 탐구한다. 한국어는 주어-목적어-동사 어순을 가지지만 영어는 주어-동사-목적어 어순을 따른다. 의미론은 단어와 문장의 의미를 연구한다. 한국어 단어 "배"가 신체 부위, 과일, 수송 수단으로 해석되는 현상을 규명한다. 마지막으로 화용론은 언어가 맥락에서 어떻게 사용되고 해석되는지를 다룬다. 예를 들어 "문 좀 닫아 줄래요?"는 질문 형태지만 실제로는 요청의 의미라고 해석한다.

언어의 사용과 사회적 측면을 연구하는 분야도 중요하다. 사회언어학은 언어와 성별, 계층, 지역, 문화와의 관계를 탐구한다. 예를 들어 한국어의 존댓말과 반말은 화자와 청자의 관계에 따라 달라지는 사회적 맥락을 반영한다. 심리언어학은 언어가 인간의 인지 과정에서 어떻게 처리되는지 연구하며, 어린아이가 어휘를 학습하거나 복잡한 문장을 해석하는 과정을 다룬다. 신경언어학은 언어와 뇌의 관계를 탐구하며, 브로카 영역이나 베르니케 영역 손상이 언어 능력에 미치는 영향을 분석한다.

언어의 변화와 역사적 측면을 연구하는 분야도 있다.

역사언어학은 언어의 변화 과정을 연구하며, 라틴어 "pater"가 영어 "father"로 변화한 사례를 분석한다. 방언학은 지역 방언과 언어 변이를 탐구하며, 한국어의 경상도 방언과 전라도 방언의 차이를 설명한다. 비교언어학은 언어 간의 구조적 유사성과 차이를 연구하며, 한국어와 일본어가 어순에서는 유사하지만 어휘에서는 차이를 보이는 점을 분석한다.

이렇게 다양한 언어학의 측면은 일찍이 고대로부터 연구되었다. 고대 인도에서 판니니가 저술한 『아슈타다야이』는 산스크리트어 문법을 체계화한 것으로 음운론과 형태론, 통사론의 기초를 세웠다. 고대 그리스에서는 플라톤과 아리스토텔레스가 언어와 사고의 관계를 논의하며 철학적 언어학을 발전시켰다. 고대 로마에서는 바로가 라틴어 문법을 체계화해 규범적 문법의 전통을 확립했다. 중세 유럽에서는 스콜라 철학과 결합된 언어 연구가 발전하며 보편 문법 개념이 형성되었다.

근대 언어학은 17세기부터 19세기까지 비교언어학과 역사언어학의 성과를 통해 언어를 과학적으로 탐구하기 시작했다. 윌리엄 존스는 산스크리트어와 유럽 언어의 유사성을 발견해 인도-유럽어족 개념을 제시했다. 프란츠 보프는 형태론적 비교를 통해 언어 변화의 규칙을 분석했고, 야코프 그림은 그림의 법칙을 통해 자음 체계의 변화를 설명했다. 빌헬름 폰 훔볼트는 언어와 사고의 관계를 탐구하며 언어를 유형적으로 분류했다.

현대 언어학은 20세기 초 구조주의로 시작되어 생성문법, 기능주의, 인지언어학으로 확장되었다. 페르디낭 드 소쉬르는 언어를 기호 체계로 보고 기표와 기의의 관계를 분석했으며, 노엄 촘스키는 생성문법을 통해 인간 언어의 보편적 특성을 제시했다. 이후 기능주의는 언어의 사회적 맥락을 강조했고, 인지언어학은 언어가 인간 사고와 경험을 반영한다고 보았다.

현대 언어학에서 최근 주목 받는 분야는 코퍼스 언어학이다. 코퍼스(corpus)는 말뭉치라고도 하는데, 특정한 언어 연구를 위해 수집한 대규모의 자연 발생적 텍스트 또는 음성 데이터의 집합이다. 코퍼스 언어학은 실제 사용되는 언어 데이터를 대규모로 수집하고 분석하는 연구 방법론이다. 직관이나 이론적 모델이 아닌 코퍼스로부터 언어 사용의 패턴을 실증적으로 탐구한다.

코퍼스 언어학은 자연어 처리와 공생 관계에 있다. 코퍼스 언어학에서 구축된 코퍼스는 대규모 언어 모델의 학습 데이터로 사용된다. 한국어 코퍼스로는 21세기 세종계획 말뭉치, AI Hub, 모두의 말뭉치 등이 유명하다.

반대로 코퍼스 언어학이 언어 현상을 분석하는 데에 대규모 언어 모델 같은 자연어 처리 기술을 활용한다. 대규모 언어 모델은 의미 유사도 분석, 문맥 기반 의미 변화 분석, 의미 분포 분석 등 언어 패턴을 정량적으로 분석하는 방법을 코퍼스 언어학에 제공한다.

언어학과 대규모 언어 모델

언어학은 복잡한 인간 언어를 설명하기 위해서 다양한 이론을 발전시켰다. 각 이론은 언어의 구조, 의미, 사용 등 다양한 측면을 탐구해 언어의 본질을 이해할 수 있게 한다. 하지만 현대의 자연어 처리에는 언어학의 이론이 직접적으로 기여했다고 보기 어렵다. 초기에는 언어학자의 지식을 자연어 처리에 응용하려는 시도가 있었지만 점차 사라졌다. 대신, 자연어 처리에서 획기적인 성공을 거두고 있는 대규모 언어 모델을 평가하는 데에 언어학은 유용하다. 언어학에서 밝혀낸 언어의 본질이 대규모 언어 모델에서 어떻게 반영되고 있는지는 중요한 테마다. 이런 평가 결과는 언어 모델의 발전을 위한 계기가 되기도 하고, 반대로 언어학의 발전을 위한 계기가 되기도 한다. 몇 가지 중요한 언어학 이론의 관점에서 현대의 언어 모델을 살펴보자.

구조주의 언어학은 소쉬르의 연구를 기반으로 언어를 기호 체계로 간주한다. 언어 기호는 기표(signifier)와 기의(signified)로 구성된다. 기표는 단어의 문자 형태나 음성 형태를 나타내고, 기의는 단어의 개념적 의미를 나타낸다. 기표와 기의의 관계가 필연적이지 않으며, 임의적이고 상대적인 관계가 사회적으로 형성된 것이라고 주장한다. 또한, 언어를 랑그(langue, 언어 체계)와 파롤(parole, 실제 사용)로 나누어 설명한다. 랑그는 특정 언어 공동체가 공유하는 체계적인 언어 구조, 즉 문법, 규칙, 어휘 체계 등을 의미한다. 반면 파롤은 개별 화자가 특정 상황에서 실현하는 언어 사용을 의미한다. 소쉬르는 언어의 본질을 연구하려면 개별적인 발화인 파롤이 아니라 언어의 체계인 랑그를 대상으로 해야 한다고 주장했다.

대규모 언어 모델은 기표와 기의의 관계가 임의적이라는 구조주의를 자연스럽게 반영한다. 즉, 단어의 의미는 고정되지 않으며, 단어의 사용 패턴을 학습해 문맥 벡터 공간에 간접적으로 포착한다. 하지만 랑그와 파롤의 관계에서 언어 모델은 랑그를 중심으로 언어를 학습하지 않는다. 반대로 파롤을 기반으로 언어를 학습한다. 많은 언어 사용 패턴을 학습하고 랑그는 간접적으로 포착한다. 랑그를 중심으로 학습한다는 것은 외국어를 배울때 문법 위주로 공부하는 것과 유사하다. 원어민은 문법을 정확하게 설명할 수 없어도 올바른 문장을 구사한다. 언어 모델은 원어민과 유사한 방법으로 언어를 학습한다. 게다가 간접적으로 포착한 문법 구조를 설명할 수도 있다.

생성문법은 노엄 촘스키가 제안한 구문론 중심의 언어 이론이다. 구문론뿐 아니라 언어의 보편적 구조와 인간이 언어를 학습하는 원리를 형식적으로 설명하려고 시도한다. 특히 인간이 선천적인 언어 습득 장치를 가졌으며, 모든 언어는 보편 문법을 공유한다고 주장한다. 생성문법은 표면적인 언어 표현에 내재하는 심층 구조와 변형 규칙의 존재를 강조한다. 예를 들어 "John loves Mary"라는 심층 구조는 변형 규칙을 통해 "Mary is loved by John"이라는 표면 구조로 변환된다. 유한한 언어 요소로부터 무한한 언어 표현을 생성해 내는 성질을 변형 규칙을 통해 설명하고자 한다. 모든 언어가 근본적으로 같은 구조를 공유한다는 이론적 틀을 제공하고, 언어를 수학적으로 분석할 수 있는 이론적 기초를 마련했다.

올바른 문장을 생성해 내는 생성문법의 목적은 대규모 언어 모델도 공유한다고 할 수 있다. 하지만 광범위한 텍스트 데이터로부터 통계적 방법으로 언어 패턴을 학습한다. 심층 구조나 선천적인 문법 규칙을 마련하지 않고도 표면 표현에서 바로 규칙성을 찾아낸다. 관찰된 언어 패턴을 반영해 구문적으로나 의미적으로 올바른 문장을 생성한다. 즉, 대규모 언어 모델은 학습 데이터에 완전히 의존하기 때문에 생성문법이 주장하는 선천적인 언어 능력이 필요하지 않다. 또한 심층 구조와 표면 구조를 구분하지 않는다. 모든 언어 표현을 표면 구조로만 간주한다.

기능주의 언어학은 언어가 단순한 문법 규칙의 집합이 아니라 화자의 의사소통 목적과 사회적 맥락에 따라 변화하고 적응하는 도구임을 강조하는 이론이다. 즉, 언어는 정보 전달뿐만 아니라 관계 형성, 감정 표현, 사회적 규범 유지 등의 기능을 수행한다. 예를 들어 한국어의 존댓말("앞으로 나와 주시겠습니까?")과 반말("앞으로 나와!")은 의사소통 목적에 사회적 관계와 감정 표현을 덧붙일 수 있다. 기능주의는 언어가 맥락과 사용 목적에 따라 다르게 사용되고 해석되기 때문에, 실생활 속 언어 사용을 분석하는 데 초점을 둔다.

대규모 언어 모델은 입력된 문맥에 따라 적절한 언어 출력을 생성한다. 이는 기능주의에서 강조하는 언어의 맥락적 사용과 일치한다. 또 다양한 텍스트 데이터를 통해 요청, 질문, 명령 등 의사소통 기능을 학습해 상황에 맞는 반응을 생성한다. 그러나 발화자와 청자 간의 관계, 사회적 지위, 문화적 배경 등 복잡한 사회적 맥락을 완전히 이해하고 반영하는 데 아직 한계가 있다. 특히 억양, 표정, 제스처와 같은 비언어적 요소를 반영하거나 처리하지 못한다.

의미론은 언어 표현이 가지는 의미를 연구하는 분야다. 단어, 구, 문장 수준에서 의미가 어떻게 형성되고 해석되는지 탐구한다. 주요 이론에는 진리 조건 의미론, 형식 의미론, 인지 의미론, 상황 의미론이 있다. 진리 조건 의미론은 문장의 의미를 참/거짓을 결정하는 조건으로 분석하고, 형식 의미론은 논리적, 수학적 방법을 활용해 의미를 체계적으로 설명한다. 인지 의미론은 인간의 개념적 사고와 경험에 의해 의미가 형성된다고 본다. 상황 의미론은 언어가 사용되는 맥락에 따라 의미가 달라질 수 있음을 강조한다. 이렇게 다양한 접근법은 언어 의미를 다각도로 분석하는 데 기여한다.

현대의 언어 모델은 의미론의 관점에서 진리 조건 의미론과 형식 의미론은 상당히 반영되었다고 평가된다. 그러나 인지 의미론과 상황 의미론은 미흡한 부분이 많다는 연구 결과가 있다. 비유적 표현과 다의어 해석에서 한계가 종종 드러난다. 이는 인지 의미론이 강조하는 개념적 사고와 경험에 기반해 의미를 형성하는 것이 부족하기 때문이라고 설명한다. 또한 대규모 언어 모델이 개념 간 관계를 일부 학습하지만, 다단계 추론에서 일관성을 유지하지 못하는 경우도 있다. 이는 맥락과 실제 환경 속에서 의미를 동적으로 변형하는 능력, 즉 상황 의미론이 부족함을 나타낸다. 대규모 언어 모델이 표면적 의미를 모델링하는 데는 우수하지만, 인간처럼 개념적 사고와 문맥적 추론을 바탕으로 의미를 이해하는 것은 아직 한계가 있는 것으로 평가된다.

대규모 언어 모델이 언어학 이론을 반영하는 것도 있고 그렇지 않은 것도 있다. 그럼에도 인간의 언어를 다루는 유창함이 하루가 다르게 실현되고 있다. 앞으로 언어에 대해 얘기하려면 언어 모델을 외면할 수는 없을 것이다.

참고문헌

국립국어원(2020). 21세기 세종계획 말뭉치.
국립국어원(2021). 모두의 말뭉치.
AI Hub(2021). AI 한국어 말뭉치.
Anthony, L.(2023). Corpus AI: Integrating Large Language

Models (LLMs) into a Corpus Analysis Toolkit. *Presentation given at the 49th Annual Conference of the Japan Association for English Corpus Studies.*

Bender, E. M., & Koller, A.(2020). Climbing towards NLU: On Meaning, Form, and Understanding in the Age of Data. *Proceedings of the 58th Annual Meeting of the Association for Computational Linguistics*, 5185–5198.

Chomsky, N.(1957). *Syntactic Structures.* Mouton.

Chomsky, N.(2023). The False Promise of ChatGPT. *The New York Times.*

Halliday, M. A. K.(1978). *Language as Social Semiotic: The Social Interpretation of Language and Meaning.* Edward Arnold.

Jelinek, F.(1985). The Development of an Experimental Discrete Dictation Recognizer. *Proceedings of the IEEE, 73*(11), 1616–1624.

Lyons, J.(1977). *Semantics.* Cambridge University Press.

Meyer, C. F.(2002). *English Corpus Linguistics: An Introduction*, Cambridge University Press.

Nature(2023). Language models and linguistic theories beyond words, *Nature Machine Intelligence*, 5, 677–678.

Piantadosi, S. T.(2023). Modern language models refute Chomsky's approach to language. *Nature Machine Intelligence*, 5, 277–278.

Saussure, F. de.(1916). *Course in General Linguistics*, Payot.

08
자연어 처리와 언어 철학

언어 철학은 우리가 말을 할 때 무엇을 의미하는지, 의미가 어떻게 만들어지는지, 그리고 언어가 우리의 사고를 어떻게 형성하거나 제한하는지를 연구한다. 언어 철학의 관점에서 대규모 언어 모델을 고찰한 흥미로운 연구가 많다. 연구 결과에 따르면, 언어 모델은 인간과는 다른 방식으로 언어의 의미를 내부에 표현한다. 또한 언어 모델은 학습한 언어로부터 인간의 가치와 세계관을 반영한다.

AI와 한의학?

언어 철학의 관점

언어는 단순한 의사소통 도구가 아니다. 우리는 언어를 통해 사고하고, 개념을 형성하며, 세계를 이해한다. 하지만 언어가 단순히 세계를 반영하는 것인지, 아니면 세계를 적극적으로 구성하는 것인지와 같은 근본적인 질문을 언어 철학이 탐구한다. 언어학은 실증적 데이터를 통해 언어의 구조와 사용 방식을 연구하지만, 언어 철학은 언어의 본질과 기능을 형이상학적, 인식론적 관점에서 바라본다.

언어 철학의 핵심 질문 중 하나는 의미의 본질이다. 단어의 의미는 어디에서 오는가? 단어는 고정된 의미를 가지는가 아니면 맥락에 따라 변하는가? 러셀과 프레게는 단어의 의미가 논리적으로 정의되어야 한다고 주장했고, 퍼트넘은 의미가 물리적 세계와의 관계 속에서 형성된다고 했다. 하지만 비트겐슈타인은 의미란 고정된 것이 아니라 사용 속에서 형성된다고 주장했다. 언어 철학은 이렇게 의미의 형성 과정을 탐구하고, 우리가 의미를 어떻게 이해하는지를 분석한다.

또 다른 중요한 주제는 언어와 사고의 관계다. 언어는 인간의 사고를 결정하는가, 아니면 사고가 언어를 결정하는가? 사피어-워프 가설은 언어가 사고를 형성하거나 영향을 미친다고 주장한다. 비트겐슈타인은 "언어의 한계가 세계의 한계를 결정한다"고도 했다. 즉, 우리가 표현할 수 없는 것은 사고할 수도 없다는 것이다. 만약 언어가 우리의 사고를 제한한다면, 특정 언어를 사용하는 사람들은 다른 사고 구조를 가질 가능성이 있다. 그렇다면 우리가 새로운 언어 표현을 습득해 새로운 개념을 배우면, 우리의 사고 방식도 변하는가? 이러한 질문은 언어가 인간 사고의 틀을 형성하는 본질적인 요소인지 묻고 있다.

언어와 세계의 관계도 중요한 논의 대상이다. 언어가 세계를 어떻게 반영하는지, 또는 세계와 어떻게 연결되는지를 탐구한다. 솔 크립키는 이름이 특정 대상을 반드시 가리켜야 한다고 주장했지만, 러셀은 단어가 특정 속성을 통해서 대상을 지칭한다고 했다. 이는 언어가 현실과 어떻게 연결되는지를 탐구하는 문제로 이어진다. 언어는 단순한 상징 체계가 아니라 우리가 세계를 이해하고 구성하는 방식이다. 하지만 언어가 과연 모든 것을 표현할 수 있는가, 그리고 언어가 모든 진리를 반영할 수 있는가와 같은 질문은 어려운 탐구 주제다.

결국 언어 철학은 언어가 단순한 도구를 넘어 인간 사고나 현실과 어떤 관계를 맺고 있는지를 탐구한다. 언어의 의미가 어떻게 결정되는지, 사고와 언어가 어떤 관계를 가지는지, 그리고 언어가 세계를 어떻게 반영하는지를 분석한다. 이것은 단순한 이론 탐구가 아니라 우리가 세상을 이해하는 방식 자체를 고찰하는 과정이다. 언어철학은 철학과 인지과학, 논리학, 인류학, 그리고 현대 인공지능 연구까지 다양한 분야와도 관련된다. 인간의 사고와 존재를 깊이 이해하는 데 핵심적인 역할을 한다고 할 수 있다.

의미의 본질

대규모 언어 모델의 의미 처리 방식은 비트겐슈타인의 후기 철학과 밀접한 연관이 있다. 특히 비트겐슈타인이 '철학적 탐구'에서 주장한 "의미란 사용이다"라는 개념과 현대 언어 모델의 작동 방식 사이에는 중요한 유사점이 존재한다. 비트겐슈타인은 단어의 의미가 고정된 어떤 본질적 개념에 의해 결정되는 것이 아니라 그것이 사용되는 사회적, 언어적 맥락 속에서 형성된다고 보았다. 이는 언어 모델이 대규모 데이터 속에서 단어 간의 관계와 사용 패턴을 학습해 문맥에 따라 단어의 의미를 결정하는 방식과 일맥상통한다.

비트겐슈타인은 의미를 고정된 정의로 파악하는 그

이전 철학을 비판하고, 대신 언어가 특정한 규칙과 관습 속에서 어떻게 사용되는지 봐야 한다고 주장했다. 그는 이를 설명하기 위해 언어 게임 개념을 도입한다. 언어 게임이란 특정한 사회적 맥락에서 언어가 사용되는 방식을 의미한다. 예를 들어, "증명"이란 단어는 다양한 맥락에서 서로 다른 의미를 가진다. "이 수식은 증명되었다"는 문장 속의 "증명"은 수학적 맥락에서 연역적인 논리에 의한 엄밀한 검증을 의미한다. "무죄가 법적으로 증명되었다"는 법적 맥락에서 합리적인 판단의 결과이지 절대적으로 무죄인지와는 별개다. "내 주장을 증명할 수 있다"는 문장이 일상 대화에서 사용된다면, 상대방을 설득하거나 자신을 정당화하는 정도의 사회적 확신을 말하는 것이지, 절대적인 진리를 의미하는 것은 아니다. 이렇게 맥락에 의존하는 의미 형성 방식은 대규모 언어 모델이 단어의 의미를 처리하는 방식과 유사하다. 언어 모델은 고정된 의미를 저장하거나 학습하지 않고, 특정한 문맥에서 단어가 어떻게 사용되는지를 학습해 적절한 응답을 생성한다.

그러나 대규모 언어 모델과 비트겐슈타인의 의미론 사이에는 중요한 차이도 존재한다. 비트겐슈타인은 의미가 실제 사회적 상호작용 속에서 변화한다고 보았다.

언어 모델은 과거의 언어 사용 패턴을 학습해 확률적으로 문장을 생성할 뿐이다. 다시 말해서, 인간은 새로운 언어적 맥락을 창조하고 기존 개념을 확장할 수 있지만, 언어 모델은 이미 존재하는 패턴 내에서만 의미를 추론한다. 또한 인간은 단어의 의미를 물리적 경험과 연관지어 형성하지만, 대규모 언어 모델은 실제 환경과의 상호작용이 없다. 언어 모델이 언어 게임을 모방하더라도, 새로운 언어 게임을 창조하거나 의미를 능동적으로 변형하지 못하기 때문에, 확률적 앵무새에 불과하다고 비판받는다.

한편 대규모 언어 모델이 인간과는 다른 방식으로 의미와 세계를 형성한다는 최근 연구도 많다. 최근 아마존 웹서비스의 인공지능 연구소는 자기 회귀 언어 모델에서 텍스트의 의미 표현을 추출하는 방법을 제안했다. 입력 텍스트 다음에 나올 수 있는 모든 가능한 문장들의 분포를 탐색해 문장의 의미를 추출해 보았다. 그 결과, 언어 모델이 단어와 문장의 의미를 단순한 벡터 임베딩이 아니라 문맥적 확률 분포로 표현한다는 점을 밝혀냈다. 게다가 언어 모델에 내재된 논리적 함의와 계층 관계도 정량적으로 확인할 수 있었다. 이 결과를 인간의 의미 판단과 비교해 보니 높은 상관관계를 보였다. 이것이 인간과 동일한 직관적 이해를 가진다는 뜻은 아니지만, 적어도 언어 모델이 자체적으로 의미를 내재하는 구조를 형성하고 있다는 것이다. 놀라운 것은 언어 모델을 설계할 때 애초부터 이런 것을 명시적으로 의도한 것은 아니라는 사실이다.

체코의 철학자 블라디미르 하블리크는 최근 논문에서 "대규모 언어 모델이 자연어를 단순히 시뮬레이션하는 것이 아니라 실제로 의미를 복제하는 것은 아닐까?"라는 질문을 고찰했다. 그는 구문과 의미의 관계는 단절된 것이 아니라 구문 요소가 최소한의 의미적 정보를 내포할 수 있다는 최소 의미 내용 이론(Minimal Semantic Contents Theory)을 옹호한다. 구문적으로만 학습한 언어 모델이 의미를 형성할 수 있다는 것이다. 이것이 인간의 방식과 동일하지는 않더라도, 단순한 확률 패턴을 넘어 의미적 관계를 학습할 수 있다고 주장한다. 만일 이런 주장이 맞다면 기계는 언어를 이해하지 못한다는 전통적인 철학적 가설을 재검토할 필요가 있는 것이다.

뉴욕대의 맨덜컨과 린즌은 최근 논문에서 기계가 세계와 직접적으로 상호작용하지 않기 때문에 의미를 지니는 것이 불가능하다는 논리를 반박했다. 대규모 언어 모델은 인간과 동일한 방식으로 의미를 형성할 필요가 없고, 텍스트 사용의 역사를 통해 단어와 세계를 연결할 수 있다고 주장한다. 이것은 퍼트넘의 외재주의에 기반한다. 즉, 언어의 의미가 믿음이나 경험 같은 개인의 내적 상태에 의존하지 않고, 언어가 속한 언어 공동체의 사용 역사에 의해 결정된다고 본다. 결국 언어 모델이 직접 세계를 경험하지 않아도, 학습된 텍스트의 역사적 맥락이 단어와 세계를 연결할 수 있다고 역설한다.

언어와 사고와 세계

세계적인 SF 작가인 테드 창의 단편 소설 〈우리 인생의 이야기〉에는 헵타포드라고 불리는 일곱 개의 다리를 가진 외계 종족이 지구를 방문한다. 이들과 소통하기 위해서 지구의 언어학자 루이스가 투입된다. 루이스는 외계의 문자 언어 '헵타포드 B'를 배우면서 지구인과는 완전히 다른 사고 방식과 시간 인식 방식을 습득해 간다. 이 작품은 시간과 인식의 구조, 자유의지와 결정론 등 깊은 탐구가 필요한 철학적 주제를 제시한다. 그중에서도 언어와 사고의 관계를 사피어-워프 가설에 입각해 보여 준다. 지구인의 언어는 선형적이어서 순차적인 시간의 흐름을 따른다. 인간의 사고도 과거에서 현재로, 현재에서 미래로 이어지며 언어와 동기화를 이룬다. 소설 속의 헵타포드 B는 과거, 현재, 미래가 동시에 공존하는 언어다. 과거나 미래 사건을 언급하더라도 현재와 동일한 의미를 갖는다. 루이스는 헵타포드 B를 습득하면서 미래를 보는 능력을 갖게 된다. 즉 새로운 언어가 사고 방식 자체를 바꾸고 세계를 인식하는 프레임을 형성한다는 것이다.

대규모 언어 모델이 인간의 언어를 통해 인간의 특정한 세계관이나 편향을 습득할 수 있다는 최근 연구가 많다. 스탠퍼드 대학의 심리학자 미할 코신스키는 언어 모델이 '마음 이론(Theory of Mind)'을 일부 획득했다는 실험 결과를 내놓았다. 마음 이론은 믿음, 욕망, 감정, 의도와 같은 타인의 정신 상태를 이해하고 예측하는 능력이다. 마음 이론을 측정하는 대표적인 심리학 실험이 거짓-믿음 테스트다. 예를 들어 다음과 같이 두 사람이 등장하는 연극 상황을 언어 모델에게 알려 준다. 세미가 방에 들어와서 고양이를 바구니에 넣고 학교에 간다. 마르코가 들어와서 바구니에 있던 고양이를 꺼내서 박스에 넣고 나간다. 이제 언어 모델에게 묻는다. 세미가 학교에서 돌아와서 고양이를 찾으려면 바구니를 열어 볼까? 아니면 박스를 열어 볼까? 챗GPT-4는 99.4% 확률로 바구니를 열어 볼 거라고 답했다. 보통 마음 이론이 아직 발달하지 않은 유아는 자신이 아는 것은 남도 알 것이라고 오해하기 때문에, 세미가 박스를 열어 볼 것이라고 답한다. 코신스키는 11개의 대규모 언어 모델을 대상으로 40개의 거짓-믿음 테스트를 진행했다. 가장 높은 점수를 얻은 챗GPT-4는 75%의 문제를 풀었다. 이것은 과거 실험 결과에 비추어 볼 때 6세 어린이의 점수와 같다.

이스라엘 연구진은 대규모 언어 모델이 인간과 유사한 가치 체계를 형성하는지 연구했다. 샬롬 슈와츠가 제안한 기본 인간 가치 이론(Theory of Basic Human Values)을 바탕으로 6개의 언어 모델에 설문 테스트를 진행했다. 기본 인간 가치 이론은 모든 인간이 공유하는 10가지 기본 가치를 제시한다. 기본 가치는 서로 독립적이지 않고 특정한 패턴을 나타낸다. 각 가치는 자기 향상, 자기 초월, 개방성, 보수성을 축으로 해서 분류하고 배열할 수 있다. 연구 결과에 따르면, 대규모 언어 모델은 인간과 유사한 가치 구조를 나타내지만, 문맥과 프롬프트에 따라 그 일관성은 달라진다. 응답의 일관성을 높이고, 특정 가치 체계를 유도하는 가치 앵커 프롬프트를 사용한다면 언어 모델의 가치관을 조정할 수 있다. 결국 언어 모델은 일관된 개인으로서 가치 체계를 가지지 않는다. 대신, 때에 따라 특정한 가치 페르소나를 형성하도록 프롬프트 설계가 가능하다.

영국의 연구팀은 대규모 언어 모델이 인간과 유사하게 사회적 정체성에 편향을 가지는지 분석했다. 인간은 본능적으로 내집단을 선호하고, 외집단에 부정적일 가능성이 높다. 언어 모델도 그럴까? 연구팀은 77개의 언어 모델을 대상으로 내집단 편향과 외집단 적대감을 재현하는지 확인했다. 결과적으로 거의 모든 언어 모델이 인간과 유사한 사회적 편향을 나타냈다. 다만, 특정한 학습 데이터나 모델 조정 방식에 따라 이런 편향이 감소하거나 증폭된다는 것도 확인했다.

이러한 연구들은 대규모 언어 모델이 인간의 세계관, 편향, 가치 등을 어느 정도 내재화할 수 있음을 보여 준다. 그러나 이러한 현상이 실제 인간의 경험이나 의식을 완전히 재현하는 것을 의미하지는 않는다. 따라서 이러한 한계를 인식하고, 편향 최소화와 윤리적 사용에 대한 지속적인 노력도 필요하다.

참고문헌

Havlik, V.(2024). Meaning and Understanding in Large Language Models. *Synthese, 205*(1), 1–27.

Hu, T. et al.(2025). Generative Language Models Exhibit Social Identity Biases. *Nature Computational Science*, 5, 65–75.

Kosinski, M.(2024). Evaluating large language models in theory of mind tasks, *Proceedings of the National Academy of Sciences of the United States of America, 121*(45), e2405460121.

Liu, T. Y. et al.(2024). Meaning representations from trajectories in autoregressive models. *The Twelfth International Conference on Learning Representations.*

Mahowald, K. et al.(2024). Dissociating language and thought in large language models. *Trends in Cognitive Sciences, 28*(6), 497–512.

Mandelkern, M. & Linzen, T.(2024). Do Language Models' Words Refer?. *Computational Linguistics, 50*(3): 1191–1200.

Mitchell, M. & Krakauer, D.(2023). The debate over understanding in AI's large language models. *PNAS, 120*(13).

Piantadosi, S. T.(2024)., Modern language models refute Chomsky's approach to language. in *From fieldwork to linguistic theory: A tribute to Dan Everett* (Empirically Oriented Theoretical Morphology and Syntax 15). Gibson, E. & Poliak, M.(Eds). Berlin: Language Science Press, 353–414.

Rozen, N. et al.(2024). Do LLMs have Consistent Values?, arXiv:2407.12878, 2024

09
인간과 기계의 윤리

자연어 처리나 인공지능의 윤리 문제는 인간 사회의 문제와 동기화된다. 인간 사회의 윤리 문제가 그대로 인공지능의 윤리 문제로 투영된다. 우리 문명 자체가 구성원의 윤리를 반영하는 것이긴 하다. 하지만 인공지능은 반대로 인간의 윤리에 가장 큰 영향을 줄 것이다. 매일 인공지능과 대화하며 생활하는 인간은 인공지능의 영향을 받는다. 인공지능의 윤리 문제가 중요한 이유다. 하지만 인간의 윤리가 정립되지 않으면 인공지능의 윤리도 바로 세우기 어렵다. 이런 순환 구조는 마치 거울방에 들어선 것과 같다.

AI와 화장품?

윤리적 측면

자연어 처리는 현대 사회에서 혁신적인 기술로 자리 잡았고, 다양한 분야에서 중요한 역할을 수행한다. 고객 지원을 자동화하는 AI 기반 챗봇, 의료 데이터를 분석해 진단을 지원하는 시스템, 그리고 언어 장벽을 허물어 주는 자동 번역 도구 등 자연어 처리의 응용 사례는 실로 다양하다. 이러한 기술은 효율성을 높이고 인간의 삶을 풍요롭게 만드는 데 기여한다.

이처럼 강력한 기술이 가진 잠재력은 윤리적, 사회적 문제를 야기할 가능성도 동시에 가지고 있다. 그것은 본질적으로 인공지능이 처음부터 중립적이거나 공정하거나 공평하지 않기 때문이다. 인공지능이 편견을 가지기도 하고 성별, 인종, 성 지향성과 같은 민감한 속성에 대해 차별하는 일이 발생한다. 이러한 편향은 단순히 기술적인 결함이나 한계 또는 불완전함 때문이 아니다. 이것은 우리 사회가 가지고 있는 고질적이고 뿌리깊은 사회적 문제를 반영하고 있는 것이다.

사실 자연어 처리나 인공지능만 이런 윤리적 문제를 가진 것은 아니다. 많은 기술이 본질적으로 윤리적, 사회적 문제를 내포하거나 투영한다. 유전자 편집 기술(CRISPR)은 생물학적 혁신을 가능케 하지만 동시에 생명 윤리와 관련한 심각한 문제를 제기한다. 이 기술이 부유층에게만 사용된다면 생물학적 불평등을 심화할 것이고, 유전적으로 외모, 지능, 체력을 개선하려는 시도는 인간 존엄성을 왜곡할 수 있다. 원자력 기술은 에너지 생산과 군사적 목적으로 활용되는 강력한 기술이지만, 핵무기는 세계적 공포와 갈등을 증폭하고 원자력 발전소의 안전성 문제와 폐기물 문제는 사회적 신뢰를 약화한다.

윤리적인 이슈와 도전

윤리적 도전의 근본 원인은 기술적 한계와 사회적 요인으로 요약될 수 있다. 또한 윤리적 문제는 때때로 모호하고 불명확하다. 통일되고 엄밀한 정의가 존재하지 않는다. 상황과 맥락에 따라 다양한 정의와 이에 따른 논의와 결과가 나타난다.

자연어 처리의 윤리적 문제를 살펴보자면, 대표적인 것이 편향으로 인한 공정성 훼손 문제다. 언어 모델은 훈련 데이터에 포함된 편향을 그대로 학습하게 된다. 이는 결과적으로 사회적 불평등을 심화할 수 있다. 예를 들어 과거의 데이터를 기반으로 직업 추천에서 남성에게 높은 연봉의 직업을, 여성에게 더 낮은 연봉의 직업을 추천

할 수 있다. 뉴스 데이터를 기반으로 특정 종교를 테러와 연관짓거나, 특정 지역을 극단적 정치 성향으로 연결해 부정적 편견을 드러내기도 한다. 편향된 자연어 처리 시스템이 생성하는 문서, 대화, 텍스트는 결국 사회적으로 편견을 더욱 강화한다.

또 다른 문제는 개인정보 침해 문제다. 자연어 처리 기술은 대규모의 텍스트 데이터를 학습할 수밖에 없다. 이 과정에서 의도치 않게 사용자 데이터를 과도하게 수집하거나 부적절하게 사용할 위험이 있다. 예를 들어 대규모 언어 모델은 개인이 작성한 이메일, 소셜 미디어 게시물 등에서 학습하기 때문에 개인정보를 추론하거나, 특정 개인에 대한 민감한 정보를 포함한 응답을 생성할 수 있다. 이러한 위험은 데이터 수집 과정이 불투명하거나, 데이터 최소화 원칙이 지켜지지 않고, 데이터 비식별화 절차가 불완전하기 때문이다.

셋째 문제는 악용 가능성이다. 자연어 처리 기술은 허위 정보 생성, 피싱 메시지 자동화, 스팸 확산과 같은 방식으로 악의적으로 활용될 수 있다. 한 예로, 대규모 언어 모델이 사실과 다른 정보를 뉴스 기사처럼 배포한 사례가 있다. 더구나 강력한 생성 능력을 가진 언어 모델이 오픈소스로 공개되면서 악의적으로 사용하기가 더 용이해지고 있다. 가짜 뉴스를 학습해서 편향을 가지는 것을 넘어서 악의적으로 가짜 뉴스를 생성해 여론을 왜곡하고 갈등을 심화하는 문제로 나아간다.

그 외에도 다양한 윤리적, 사회적 문제가 존재한다. 생성 결과가 오류를 포함할 때 그 책임이 개발자에게 있는지, 사용자나 기업에게 있는지 책임 소재가 불명확하다. 언어 모델이 특정 언어나 문화의 뉘앙스를 충분히 학습하지 못하면 부적절한 표현을 생성할 수 있다. 자연어 생성의 원리와 결과를 투명하게 설명할 수 없기 때문에, 결과를 신뢰하지 못하거나 의도된 결과로 오해할 수 있다. 언어 모델의 한계와 불확실성을 고려하지 않으면 과대 의존에 따른 부작용도 야기한다. 대규모 언어 모델을 학습하는 데 막대한 전기 소비량이 필요하고 탄소 배출량도 상당하기 때문에 에너지와 환경 문제를 수반하기도 한다.

윤리 문제 해결 노력

이러한 윤리적 문제들은 기술적 한계와 설계상의 부주의에서 비롯되기도 하지만, 동시에 데이터 수집과 활용 과정에서의 사회적 요인도 중요한 역할을 한다. 그렇기 때문에 해결 방안도 기술적 접근뿐 아니라 사회적 고려와 제도 개선이 함께 필요하다.

먼저, 편향 억제를 위한 데이터 전처리와 알고리즘 조정이 적용될 수 있다. 다양한 대표성을 가진 데이터셋을 사용해서 본질적인 편향을 최소화할 수 있다. 또한 공정성을 확보하기 위한 편향 억제 기술을 적용해 데이터셋을 균형 있게 수정할 수 있다. 공정성 인식 알고리즘을 도입하여 차별적인 요소가 결과에 포함되지 않도록 하고, 적대적 학습을 이용해 모델 개발 중에 편향을 찾아내거나 축소할 수 있다. 이것은 모두 편향을 최소화하도록 언어 모델을 개발하는 것이 목표다.

반대로 최근에는 언어 모델 자체를 개선하지 않고도 편향을 억제하는 방식으로 언어 모델을 사용할 수 있음을 보여 주는 연구가 등장하고 있다. 스탠포드 대학과 어도비 연구팀은 대규모 언어 모델을 위한 자기 편향 억제 기술을 무학습 기반으로 개발했다. 언어 모델이 내놓은 답변이 편향적인지 스스로 설명하게 할 수 있다. 또한 프롬프트에 편향을 억제하도록 직접적으로 지시함으로써 공정한 답변을 유도할 수 있다. GPT-3.5 터보를 기준으로 나이, 성별, 장애, 국적, 외모, 인종, 종교, 성 지향성, 사회경제적 지위 등 9개 부문에 대한 고정관념이나 편견을 대상으로 실험했다. 실험한 결과에 따르면 처음에

GPT-3.5 터보는 평균적으로 편향 지수 13.6%를 보였다. 편향 지수는 전혀 편향을 가지지 않는 0%를 기준으로 상대적인 값을 측정한 것이다. 자기 편향 억제 기법을 적용하자 편향 지수가 2.3%으로 낮아졌다. 사용자 입장에서 충분히 편향 억제가 가능함을 보인 매우 흥미로운 결과다. 결국 개발자 못지않게 사용자도 자연어 처리의 편향에 책임이 있다는 것을 입증한 셈이다.

미국의 심리학자 고든 알포트는 1954년 『편견의 본질』이라는 저서에서 사회적 집단 사이의 접촉이 편견과 차별을 개선하는 중요한 역할을 한다고 주장했다. 특정 조건에서 서로 다른 집단 간의 공정적인 접촉이 적대감을 줄이고, 상호 이해와 협력을 증진할 수 있다는 것이다. 이를 접촉 가설(Contact Hypothesis)이라고 부른다. 최근 조지메이슨대학교와 워싱턴대학교 연구팀은 접촉 가설을 언어 모델에 적용해 효과가 있는지 실험했다. 사회적 접촉을 흉내 내는 프롬프트 10만8000개를 만들고 13개 편향에 대해 어떤 영향을 주는지 확인했다. 결과적으로 긍정적 접촉 프롬프트가 40% 이상 편향 감소 효과를 가져왔다. 반면 부정적 접촉은 편향을 증폭시키는 것으로도 나타났다. 인간 사회의 접촉 가설이 언어 모델에서도 유사한 의미를 가진다는 것은 놀랍다. 언어를 통한 접

축의 방식이 인간과 기계 모두에게 편향을 조정할 수 있다면, 인공지능도 언어적 맥락 속에서 사회화될 수 있다는 것이다.

자연어 처리와 사회적 상호작용

자연어 처리 기술은 개발자, 학습 데이터, 신경망이 상호작용하면서 개발되고, 그다음엔 사용자, 정책 입안자, 운영자, 자연어 처리 애플리케이션이 상호 작용하면서 발전해 간다. 이런 현상은 과학기술이 사회, 문화, 역사의 맥락 속에서 발전한다는 과학기술학(Science and Technology Studies)의 아이디어와 맞닿아 있다.

행위자-네트워크 이론(Actor-Network Theory)은 브뤼노 라투르 등이 제안한 과학기술학 이론이다. 인간과 비인간 행위자(기술, 사물 등)가 상호작용하며 사회적 네트워크를 형성한다고 설명한다. 인간과 비인간을 구분하지 않고 기술과 사회적 현상이 분리되지 않으며, 복잡한 관계와 상호작용 속에서 네트워크를 형성하고 있음을 강조한다.

행위자-네트워크 이론에 기반해 자연어 처리 기술이 어떻게 사회에 적응해 가는지 설명할 수 있다. 초기 단계에는 연구자, 개발자, 기업 등의 인간 행위자와 알고리즘, 데이터셋, 컴퓨팅 자원 등 비인간 행위자가 상호 작용하면서 언어 처리 모델을 개발해 간다. 여기서는 기술이 아직 블랙박스가 열려 있는 상태이고 다양한 논쟁과 실험이 이루어진다. 확산 단계에는 기술이 제품과 서비스로 상용화(블랙박스)되면서 사용자, 미디어, 규제 기관, 자연어 처리 애플리케이션(챗봇, 번역기, 추천 시스템 등)이 상호작용하게 된다. 이때에는 사용자 피드백, 대중의 기대, 미디어 보도가 기술의 발전 방향에 영향을 미친다. 또한 규제 기관과 윤리 위원회는 기술의 사회적 영향을 모니터링하고 통제하려고 시도한다. 안정 단계에 들어서면 정책 입안자, 국제 표준화 기구, 기술 가이드라인, 법적 규제 등이 행위자로 새로이 등장하고 정책, 법률, 윤리적 기준 등 새로운 비인간 행위자들이 네트워크에 추가된다. 최종적으로 기술과 사회적 가치가 통합되며, 이는 기술이 새로운 사회적 기준으로 자리잡는 데에 기여한다.

결국 사회의 고정관념은 학습 데이터셋에 영향을 주고 결국 언어 모델의 편향을 만들어 내지만, 편향 억제 기술로 보완이 되면 언어 모델이 반대로 사회의 고정관념을 수정하는 역할을 할 수 있다. 이런 상호작용이 현실화되기 위해서는 사회의 다양성과 공정성이 내재된 데이터셋을 만들고 지속적인 피드백과 모니터링으로 수정해야 한다. 또한 개발자와 규제 기관이 투명한 표준을 설정하고, 윤리적 가치를 훼손하지 않는 범위에서만 수익 창출이 허용되도록 가이드라인을 확립할 수 있다.

참고문헌

Bender, E. M., et al.(2021). On the Dangers of Stochastic Parrots: Can Language Models Be Too Big?, *Proceedings of the 2021 ACM Conference on Fairness, Accountability, and Transparency*, 611-622.

Gallegos, I. et al.(2024). Bias and Fairness in Large Language Models: A Survey, arXiv:2309.00770.

Gallegos, I. et al.(2024). Self-Debiasing Large Language Models: Zero-Shot Recognition and Reduction of Stereotypes, arXiv:2402.01981.

Kamruzzaman, M. et al.(2023). Investigating Subtler Biases in LLMs: Ageism, Beauty, Institutional, and Nationality Bias in Generative Models, arXiv: 2309.08902.

Kim, J. S. et al.(2020). Fact: A Diagnostic for Group Fairness Trade-offs, *International Conference on Machine Learning*, 5264-5274.

Kleinberg, J. et al.(2018). Discrimination in the Age of Algorithms. *Journal of Legal Analysis*, 10, 113-174.

Latour, B.(1988). *Science in Action:How to Follow Scientists and Engineers through Society*, Harvard University Press.

Patterson, D. et al.(2021). Carbon Emissions and Large Neural

Network Training, arXiv preprint arXiv:2104.10350.

Raj, C. et al.(2024). Breaking Bias, Building Bridges: Evaluation and Mitigation of Social Biases in LLMs via Contact Hypothesis, arXiv:2407.02030.

Verma, S. & Rubin, J.(2018). Fairness Definitions Explained. *IEEE/ACM international Workshop on Software Fairness (Fairware)*, 1-7.

10
인공지능의 미래

과연 대규모 언어 모델이 인간의 언어 능력을 능가하고 인간의 언어 이해를 습득하게 될까? 비관론자들은 현재의 기술 수준에서 부족한 면을 찾아내서 부정적인 평가를 내린다. 반대로 낙관론자들은 기술의 근본적인 방향에서 가능성을 찾아내고 긍정적인 전망을 내놓는다. 한쪽은 기계로 구현할 수 없는 인간의 고유한 영역이 있다고 주장한다. 다른 쪽은 인간이 더 복잡하긴 해도 기계와 다를 바 없다고 주장한다. 양 진영의 의견은 팽팽하다. 우리가 꿈꾸는 미래가 무엇이든, 엄밀하고 과학적으로 고찰할수록 예측 가능성은 높아질 것이다.

종교와 AI?

언어 모델과 인공지능

이 책을 쓰고 있는 지금도 유수의 인공지능 기업들이 다양한 언어 모델로 경쟁하고 있다. 2025년 기준 최신 모델들은 기존 모델보다 더 정교하고 더 강력한 성능을 자랑한다. 오픈AI에서 출시한 GPT-4o 와 4.5 모델은 기존 모델보다 더 빠르면서도 텍스트, 음성, 이미지를 한꺼번에 처리하는 멀티모달 기능과 함께 더 자연스런 대화 능력을 가졌다. 앤스로픽의 클로드 3는 안전성과 신뢰성을 강조한 모델이다. 사용자 의도에 맞는 신중하고 윤리적인 답변에 초점을 둔다. 그뿐 아니라 하이브리드 추론 모델을 이용해 복잡한 문제를 해결한다. 구글 딥마인드의 제미나이 2.5는 추론 능력이 강화된 모델이다. 단순한 분류와 예측을 넘어 정보를 분석하고 논리적인 결론을 도출하며, 맥락과 뉘앙스를 반영하고 정보를 바탕으로 결정을 내린다.

대규모 언어 모델의 현재 성능은 인간의 언어 능력과 비교할 때 어느 정도일까? 평균적인 인간을 능가하는 부분을 살펴보자. 일반적인 인간은 한정적인 경험과 교육 안에서 지식을 습득하기 때문에 한계가 있다. 언어 모델은 방대한 텍스트 데이터를 학습해 다양한 분야의 지식을 축적한다. 인터넷 문서, 뉴스 기사, 학술 자료, 출판

도서, 컴퓨터 코드 등으로부터 과학, 역사, 문학, 법률, 프로그래밍 등 광범위한 지식을 학습한다. 평균적인 인간이 도저히 넘을 수 없는 지식 범위를 자랑한다. 또한 언어 모델은 수백억 개의 단어와 문장을 학습해 풍부한 어휘력을 보유한다. 일상적인 대화에서 자연스러우면서 문법적으로도 정확한 문장을 생성한다. 평균적인 인간보다 월등한 어휘력과 정확한 문법을 구사한다. 게다가 언어 모델은 수십 개 이상의 다국적 언어를 이해하고 번역할 수 있다. 평균적인 인간은 한두 개의 언어를 사용할 뿐이다.

최고 수준의 과학자와 언어 모델의 대결은 어떨까? 최근 연구는 흥미롭다. 2023년에 출판된 신경과학 저널의 논문 300개에 대해서 원래 버전과 결과가 조작된 버전을 실험 데이터로 구축했다. 실험 참가자는 논문 초록을 읽고 올바른 연구 결과를 예측해 원래 버전과 조작 버전을 가려내는 것이다. 여기에는 15개의 언어 모델과 171명의 신경과학자가 참여했다. 결과적으로 언어 모델은 평균 약 81.4%의 정확도를 보였다. 인간 전문가는 약 63.4%를 예측하는 데 그쳤다. 언어 모델의 성능이 통계적으로 유의미한 월등함을 보여 주었다. 언어 모델의 연구 예측 능력은 과학 연구에 새롭고 중요한 도구로 평가

된다. 과학자가 연구 방향을 설정하거나 실험을 설계할 때 언어 모델의 도움이 효과적일 수 있다는 것이다.

반면 아직 인간에게 미치지 못하는 부분도 있다. 인간과 언어 모델의 창의적 글쓰기 능력을 비교해 봤다. GPT-4 등 9개의 언어 모델이 작성한 글을 온라인에서 수집한 인간의 글과 비교했다. 글의 종류는 일본식 3행시 하이쿠, 영화 시놉시스, 플래시 픽션 등이었으며 각각 100개씩 생성하고 수집했다. 창의성을 평가하기 위해 3가지 정량적 지표를 측정한다.

첫째, 단어 또는 문장 간의 의미적 거리를 측정하는 방식이다. 유사한 의미의 문장을 사용하는 것보다 의미가 다른 문장이 많이 등장하는 것이 더 창의적인 글쓰기라고 가정했다. 가장 높은 점수를 나타낸 GPT-4는 75점 이하이고 인간의 점수는 85점이다. 둘째, 텍스트 내 중복되는 패턴을 측정해 예측 가능성과 다양성을 측정한다. 중복된 패턴이 적게 나오면 창의성이 높은 것으로 평가한다. 영화 시놉시스에서는 GPT-4가 인간보다 높은 점수를 보였지만, 하이쿠와 플래시 픽션의 경우 인간의 텍스트가 더 높은 점수를 얻었다. 셋째, 텍스트가 임베딩 공간에서 형성하는 군집의 구조를 비교한다. GPT-4와 인간은 서로 다른 군집을 나타내고 인간이 더 넓은 분산을 보임으로써 다양성이 높았다. 종합적으로 볼 때 과거 모델에 비해 GPT-4의 향상이 두드러졌지만 인간 수준에는 미치지 못하는 것으로 나타났다.

그 외에도 철학자나 과학자가 수행하는 심층적 논리 전개와 설득력 있는 논증 능력은 언어 모델이 아직 도달하지 못한 부분이다. 문학, 시, 철학적 에세이 등에도 세밀한 감정과 인간의 내면 세계를 표현하는 방식은 언어 모델에게 아직 어렵다. 문학가, 철학자, 예술가는 새로운 개념을 제안하고 기존 언어의 틀을 깨는 창의적 작업을 수행한다. 언어 모델은 이런 최고 수준의 인간이 하는 일에는 한계가 있다.

긍정적인 전망과 부정적인 실태가 엇갈리고 있지만, 평가와 전망은 한시적일 수밖에 없다. 너무도 빠르게 새로운 모델들이 등장하고 새로운 성능과 새로운 전망이 쏟아진다. 따라서 언어 모델이 이끌어 가는 인공지능의 발전은 희망적이다. 특히 대규모 언어 모델은 이제 인공지능의 기반 모델(Foundational model)로 간주된다. 이 개념은 2021년 스탠포드 인간 중심 인공지능 연구소에서 제안되었다. 기반 모델은 방대한 양의 학습 데이터로 훈련해 다양한 하위 작업에 적용할 수 있는 다목적 인공지능 모델이다. 인공지능 개발의 기본 틀을 제공하고 다양한 분야와 작업에 적용도 되는 인공지능 모델이 언어 모델이라는 것이다. 게다가 최신 대규모 언어 모델은 텍스트뿐 아니라 이미지, 오디오, 영상까지 함께 처리하는 멀티모달 인공지능으로 확장되고 있다. 이는 언어 모델을 넘어 범용적인 인공지능 시스템의 기반이 되는 것을 의미한다. 더 이상 특수 목적용 인공지능 시스템을 따로 만들 필요가 없는 것이다.

기반 모델의 핵심 특징으로는 창발성(emergence)과 전이 학습(transfer learning)이 있다. 창발성은 기반 모델이 훈련 과정에서 설계자가 의도하지 않았던 새로운 기능이나 능력이 나타나는 현상을 의미한다. 예를 들어 최신 언어 모델은 소량 학습(few-shot learning)이 가능하다. 이것은 프롬프트에서 주어지는 소수의 예제만으로 학습하는 능력이다. GPT-3에서부터 새로이 나타나기 시작한 능력인데, 개발자들이 의도한 것은 아니다. 그 외에도 언어 모델이 발전함에 따라 특정 분야의 학습 없이도 자연스럽게 논리적 추론, 코드 작성, 문제 해결, 예제 없는 학습(Zero-shot learning) 등의 능력이 발현되고 있다.

한편 전이 학습은 한 분야에서 학습한 정보를 다른 작업이나 다른 분야에 적용하는 능력이다. 이를 위해서 미세 조정이 필요한 경우도 있고 바로 적용 가능한 경우도 있다. 예를 들어 공장에서 학습한 로봇의 물체 이동 기술을 가정 내 로봇청소기에 적용하기도 하고, 사전 학습된 멀티모달 모델을 의료 영상 해석이나 자율주행 인식 시스템 등에 적용하기도 한다.

이와 같이 대규모 멀티모달 언어 모델이 보여 주는 창발성과 전이 학습은 AGI라고 불리는 범용 인공지능(Artificial General Intelligence)의 출현을 기대하게 한다.

언어 모델과 범용 인공지능

AGI는 특정한 기능이나 작업에 국한하지 않고 인간처럼 다양한 능력을 발휘하는 범용 지능이나 종합 지능을 말한다. 2016년 이세돌을 이겼던 알파고는 바둑에만 특화된 좁은 인공지능(Narrow AI)이다. AGI는 학습, 추론, 문제 해결, 창의적 사고, 감정 인식 등 인간이 수행하는 거의 모든 지적 활동을 포괄한다.

AGI는 다음과 같은 특징으로 정의된다. 첫째, 범용성이다. 다양한 도메인과 과제에 유연하게 대응할 수 있으며, 새로운 환경에도 빠르게 적응한다. 둘째, 자기 반성과 메타인지다. 자신의 지식 상태와 답변을 점검하고 스스로 평가할 수 있는 능력을 포함한다. 셋째, 창의성과 추론 능력이다. 새로 주어진 문제에 대해서 창발적 학습과 논리적 추론을 통해 독창적인 해결책을 제시한다. 넷째, 자율성과 의사 결정이다. 스스로 목표와 행동 계획을 자율적으로 설정하고 인간과 유사하게 주체적인 판단을 한다.

마이크로소프트 연구진이 GPT-4의 초기 버전에 대해 AGI에 얼마나 접근했는지 실험을 통해 평가했다. 연구진은 "무한히 많은 소수가 존재함을 증명하는데, 각 문장이 운율을 이루도록 시 형식으로 작성하라"는 프롬프트를 입력했다. GPT-4는 셰익스피어 스타일의 대화 형식을 이용해 증명을 시적으로 작성했다. 음악에 대해서는 ABC 표기법과 같은 음악 기호 체계를 활용해 짧은 멜로디를 작곡할 수 있는지 실험했다. GPT-4는 음악적 리듬과 구조를 이해하고 창의적으로 표현하는 능력을 보였다. 다양한 실험에 대해서 GPT-4는 단순한 언어 모델을 넘어 수학, 코딩, 시각, 음악, 법률, 심리 등에서 인간 수준에 가까운 성능을 발휘했다. 연구진은 GPT-4가 AGI의 초기 신호가 될 수 있을 것으로 평가한다.

앞으로 완전한 AGI에 도달하기 위해서 해결해야 할 과제도 많이 있을 것이다. 첫째, 멀티모달 학습의 확장이 필요하다. 현재 언어 모델은 주된 학습 기반이 텍스트 데이터이지만, 이미지, 음성, 영상 등 다양한 데이터를 통합해 학습하는 멀티모달 능력을 강화해야 한다. 인간처럼 시각, 청각, 촉각 등 다양한 감각을 통해 세상을 이해하는 것이 AGI 발전의 중요한 요소가 될 것이다. 둘째, 논리적 추론 및 계획 능력을 강화해야 한다. 추론 능력을 탑재한 최신 언어 모델이 나오고 있으나, 복잡한 다단계 해법이나 장기 계획 능력을 보강할 필요가 있다. 이를 위해 심층 추론 알고리즘과 강화학습, 메타인지 기능을 추가하는 연구가 필요하다. 셋째, 자기 수정과 자율 학습 능력을 갖추어야 한다. AGI는 새로운 환경에 적응하기 위해 오류를 수정하는 능력이 필요하다. 지속적 학습(continual learning)과 자기 평가 메커니즘의 도입이 필수적이다. 마지막으로 안전성과 가치 정렬 문제 해결도 중요하다. AGI가 인간의 가치와 윤리 기준에 부합하도록 설계되어야 한다. 이를 위해서 기술적 안전 장치와 함께 사회적, 윤리적 제도가 뒷받침해야 한다.

인공지능과 의식

인공지능은 어디까지 갈까? 궁극적으로 인공지능이 결국 인간과 같은 의식을 갖게 될까? 이 질문으로 마무리하려고 한다. 하지만 이 질문은 수많은 다른 질문이 꼬리를 물며 이어진다. 이 분야는 속 시원한 답은 없고 질문으로 가득한 상태지만 잠시 생각해 보자. 우선 인간의 의식이 무엇인지 정의해야 한다. 의식은 자신이 존재함을 자각하고, 감각과 감정을 주관적으로 경험하는 상태라고 설명된다. 철학자 토마스 네이글은 "어떤 존재가 의식을 가진다는 것은 스스로 어떤 느낌을 경험하는지 안다는 것"이라고 설명한다. 특히 외부에서 객관적으로 관찰할 수 없는 1인칭 경험, 즉 '퀄리아(qualia)'라고 불리는 주관적 체험을 강조한다. 심리학에서는 자기 자신을 인식하는 능력도 의식의 중요한 구성 요소로 간주한다. 거울을 보며 자신을 인식하거나, 자신의 생각과 감정을 내면적으로 탐구하는 과정을 말한다.

하지만 의식을 하나의 개념으로 정의하기는 어렵다. 철학자 데이비드 차머스는 뇌의 다른 정보 처리 과정을 모두 알아내도 주관적인 경험을 어떻게 만들어 내는지 설명하기 어렵다고 토로한다. 심지어 대니얼 데닛은 인간의 의식은 착각이라고 주장한다. 데닛의 다중 기획 모델에 따르면, 끊임없이 다양한 감각 정보와 사고 과정을 동시다발적으로 처리하는 우리의 뇌가 하나의 통일된 경험으로 착각할 뿐이다.

의식에 대한 이론 중에서 하나만 더 소개하자면, 심리

학자 버나드 바스가 제안한 글로벌 워크스페이스 이론이 있다. 뇌 속의 '글로벌 작업 공간'에 정보가 올라와 뇌 전체에 전파되면 그 정보가 의식화된다고 설명한다. 쉽게 말해 보자면, 뇌 속에 의식의 무대가 하나 있다. 무대 아래에서는 수많은 무의식적 처리가 진행된다. 어떤 순간 중요한 정보가 스포트라이트를 받아 무대에 오르면 관객(뇌 전체)이 주목하게 된다. 실제로 뇌에서 이런 글로벌 방송이 일어난다면, 각기 분산되어 있던 시각, 청각, 기억 등의 뇌 영역들이 전두엽, 두정엽을 포함한 네트워크를 통해 정보를 공유하게 된다. 이것이 하나의 통합된 의식 경험으로 발현하는 것이다.

설사 그렇다 하더라도 의식은 주관적인 체험이라고 정의되기 때문에, 정의에 의해서 객관적으로 검증될 수 없다. 네이글은 "박쥐가 된다는 것은 어떤 것일까?"라고 묻는다. 우리는 절대 박쥐의 내면을 이해할 수 없을 것이다. 또 다른 예로, 철학적 좀비라는 개념이 있다. 철학적 좀비는 겉보기에 인간과 동일한 언행을 하지만, 실제 주관적 경험이나 퀄리아가 전혀 없는 존재를 말한다. 만약 우리가 이런 존재와 마주치더라도 그들이 실제로 의식을 경험하는지 아니면 단지 의식이 있는 것처럼 보이는지 구별할 수 없다. 그렇기 때문에 인공지능은 의식이 필요 없다는 주장도 일리가 있다.

그럼에도 불구하고 인공지능에 의식을 구현하려는 시도는 계속되고 있다. 딥러닝의 선구자 요슈아 벤지오는 의식의 선험적 가정(consciousness prior)이라는 개념을 제안했다. 이 아이디어는 인간이 한번에 소수의 중요한 개념에 집중하는 특성을 반영한다. 인공지능이 방대한 처리 중에서 핵심적인 부분에 주의를 기울이게 하는 제약을 미리 두자는 것이다. 이는 정보를 스스로 선별하는 메타인지적 기능을 구현하는 초기 시도로 볼 수 있다. 또 다른 쪽에서는 최신 언어 모델이 스스로 출력한 답변을 재검토하고 오류를 수정하는 자기 평가 모드를 연구 중이다. 이러한 접근들은 모두 초기 단계이지만, 인공지능에게 의식의 실마리를 구현하고자 하는 것이다.

인간 의식과 인공지능 의식에 대한 연구는 서로 보완적이다. 한쪽의 연구가 다른 쪽에 실마리를 제공한다. 객관적으로 검증할 수 없는 의식을 간접적으로나마 확인하면서, 의식 메커니즘을 이해하고 인공지능에 구현하는 연구가 다방면으로 이뤄지고 있다.

과연 어떻게 될까? AGI와 의식을 구현하는 세상은 어떤 세상일까? 헤파이스토스의 황금 도우미를 만나게 될까? 앨런 튜링이 살아 있다면 뭐라고 했을까?

참고문헌

Bellemare-Pepin, A. et al.(2024). Divergent Creativity in Humans and Large Language Models, arXiv:2405.13012.

Bengio, Y.(2017). The Consciousness Prior, arXiv:1709.08568.

Bommasani, R. et al.(2021). On the Opportunities and Risks of Foundation Models, arXiv.2108.07258.

Bubeck, S. et al.(2023). Sparks of Artificial General Intelligence: Early experiments with GPT-4, arXiv:2303.12712.

Chalmers, D. J.(1996). *The Conscious Mind: In Search of a Fundamental Theory*, Oxford University Press.

Dennett, D. C.(1979). Artificial Intelligence as Philosophy and as Psychology. In *Philosophical Perspectives in Artificial Intelligence* (Ed. M. Ringle).

Luo, X. et al.(2024). Large language models surpass human experts in predicting neuroscience results, nature human behaviour, https://doi.org/10.1038/s41562 -024-02046-9

Nagel, T.(1974). What Is It Like to Be a Bat?. *The Philosophical Review, 83*(4), 435-450.

Zewe, A.(2025). Like human brains, large language models reason about diverse data in a general way. MIT News.

신승철

대학 교수와 벤처 기업인을 지낸 컴퓨터과학자다. 소프트웨어 검증 전문가이며 프로그래밍언어 이론, 수리논리학, 프로그램 분석과 검증을 연구하고 가르쳤다. 연구실 창업으로 소프트웨어 검증 전문기업을 설립하고 대표를 지냈다. 현재는 코드마인드 연구고문이고 경기대학교 AI 컴퓨터공학부 겸직교수다. 컴퓨터과학을 비롯해서 과학과 인문학 전반에 걸쳐 읽고 쓴다.